高水平开放的中国与世界

迟福林◎主编

China and the World
with a High Level of Openness

中国工人出版社

党的十九届五中全会提出，“实行高水平对外开放，开拓合作共赢新局面。坚持实施更大范围、更宽领域、更深层次对外开放，依托我国大市场优势，促进国际合作，实现互利共赢”。习近平主席在第三届中国国际进口博览会开幕式中指出，“中国将秉持开放、合作、团结、共赢的信念，坚定不移全面扩大开放，将更有效率地实现内外市场联通、要素资源共享，让中国市场成为世界的市场、共享的市场、大家的市场，为国际社会注入更多正能量”。面对国际经济政治格局深刻复杂变化，我国坚持推进更高水平的对外开放。高水平开放的中国如何与世界各国加强合作，成为我国面临的重大课题之一，也成为世界各国高度关注的焦点。

CONTENTS 目录

第二编 构建新发展格局

第三编　推进双边多边经贸合作

第四编 **建设更高水平开放型经济新体制**

第五编　构建高水平社会主义市场经济体制

第六编　**打造对外开放新高地**

序　言　以高水平开放赢得未来

迟福林

当前，世界进入动荡变革期。单边主义、保护主义使经济全球化逆潮涌动，疫情大流行使世界经济不稳定、不确定因素增多，国际社会正在经历多边和单边、开放和封闭、合作和对抗的重大考验。在这个特定背景下，中国致力全面深化改革开放，推动建设更高水平开放型经济新体制；致力推进合作共赢、合作共担、合作共治的共同开放，推动建设开放型世界经济。

进入发展新阶段，中国高水平开放有着其鲜明的特征：以构建国内国际双循环新发展格局为基本要求；以推动自由贸易进程为战略目标；以服务贸易发展为重大任务；以打造高水平对外开放新高地为重要突破；以制度型开放为突出特点；以构建高水平社会主义市场体制为重要保障。

一、以扩大内需为导向推进高水平开放

1. 14 亿人的巨大内需潜力是形成强大国内市场的重要基础。未来 5～10 年，中国的经济转型升级处于关键时期并蕴藏着巨大的内需潜力。从消费结构看，2019 年，中国服务型消费占比为 45.9%，预计到 2025 年，将达到 52%左右，开始进入服务型消费社会。从产业结构看，2019 年，中国服务业占比为 53.9%，预计到 2025 年，中国服务业占比有可能接近 60%。有研究预测，中国的数字经济规模有望突破 60 万亿元人民币，占 GDP 比重将达到 55%左右。从城乡结构看，随着城市化和城市群的发展，预计到 2025 年，

中国常住人口城镇化率将达到66%左右。“十四五”时期，中国广阔内需市场潜力的释放将继续激发源源不断的创新潜能，继续支撑长期可持续的经济增长。

2. 把扩大内需作为推进高水平开放的基本导向。进入发展新阶段，中国对外开放的环境、条件都有新的变化，高水平开放呈现历史性新特点，扩大内需在引领高水平开放中的基本导向作用全面凸显。一方面，14 亿人口的内需大市场成为推进高水平开放的独特优势和基本条件。预计到 2030 年，中国累计商品进口额有望超过 22 万亿美元。另一方面，随着中国经济深度融入世界，内需潜力的释放，需要以更高水平开放融入国际经济循环。例如，目前中国 95%的高端专用芯片、70%以上智能终端处理器以及绝大多数存储芯片依赖进口。就是说，中国提出的“双循环”是基于内需大市场做出的战略选择。以扩大内需为基本导向的高水平开放，就是要实现内外市场联通、要素资源共享，就是要构建更加开放的国内国际双循环。

3. 14 亿人的内需大市场是世界的市场、共享的市场、大家的市场。超大规模内需市场潜力的释放，将为中国实现高质量发展提供更大空间，也将为经济全球化注入更多正能量。初步测算，百万亿元级别的新增内需规模将为未来 5~15 年中国实现 4%~5%的经济增长打下重要基础。2006 年以来，中国对世界经济增长的贡献率连续 14 年全球排名第一，2019 年超过 30%。预计未来 5~10 年，中国对全球经济增长的贡献率仍有望保持在 25%~30%。就是说，中国提出的“构建以国内大循环为主体、国内国际双循环相互促进”，决不是封闭的国内循环，而是应对复杂多变国内外环境实行的战略转型；决不是短期举措，而是与中国经济转型升级趋势相适应的中长期发展战略。

二、以制度型开放与制度性变革全面激发市场活力

1. 以服务业开放和服务贸易发展为重点推进高水平开放。进入发展新阶段，释放14亿人消费潜力的重点是服务型消费，关键是扩大服务业市场开放和加快服务贸易发展。从经济全球化趋势看，服务贸易已经成为全球自由贸易的焦点。2010—2019年，全球服务贸易额由7.8万亿美元增长至11.9万亿美元，年均名义增长4.8%，是同期货物贸易增速的2倍；服务贸易额占贸易总额的比重由20.3%提高至23.8%，预计到2040年将提升到50%。从中国经济发展趋势看，服务贸易开始成为经济转型升级的重点。2014—2019年，中国服务贸易额年均增长7.8%，是货物贸易的2.2倍，是外贸整体增速的1.9倍。进入高质量发展阶段，产业结构升级对研发、设计等生产性服务业领域贸易的需求日益提升；消费结构升级、城乡结构升级对教育、医疗、健康、旅游、文化、信息等生活性服务业领域贸易的需求日益提升。

适应经济全球化大趋势与国内经济转型升级的需求，协同推进强大国内市场和贸易强国建设，关键是加快补齐服务贸易发展的突出短板。“十四五”要同步推进生活性服务业和生产性服务业领域的服务贸易开放进程，争取到2025年服务贸易额占外贸总额的比重由目前的14.6%提高至20%以上；适应创新型国家建设进程，要实现知识密集型服务贸易占服务贸易比重的明显提升；要明显提升旅游、文化、健康、教育等生活性服务贸易以及研发、设计、金融等生产性服务贸易的国际竞争力。

2. 以制度型开放促进制度性变革。开放是最大改革，制度性变革依赖于制度型开放。推进规则、规制、标准、管理等制度型开放，是形成以服务贸易为重点高水平开放新格局的基本需求，并成为服务业领域制度性变革的重大任

务。“十四五”建设更高水平开放型经济新体制，需要在服务业领域的制度型开放和制度性变革上实现重大突破。一方面，要推进服务贸易领域规则、规制、管理、标准等更大程度与国际接轨。例如，率先在医疗健康、教育等社会需求较大的服务业领域引入国际先进管理标准。另一方面，要实质性推动服务业领域市场对内对外开放进程，尽快打破服务业领域的各类市场垄断与行政垄断。由此，既为释放民营企业的强大活力创造市场条件，又为外资企业拓展更大投资空间。

3. 深化以要素市场化改革为重点的深层次改革。高水平开放有赖于高标准市场体系。建设高水平市场经济体制，核心在于深化要素市场化改革，充分发挥市场在资源配置中的决定性作用。例如，深化土地要素市场化改革，建立城乡统一的土地要素市场；着眼于释放人力资本活力，尤其是科研人员的活力，加快改革人才管理体制，建立以人为中心的科技创新激励机制，释放巨大的创新潜能；保护企业家产权，激发企业家潜能，充分发挥企业家在资源优化配置中的重要作用；打造市场化、法治化、国际化营商环境，在竞争中性、市场透明、知识产权、环保标准等方面加大制度安排，切实减少不必要的行政干预。

三、以强大国内市场推动全球自由贸易进程

1. 中国开放强大的国内市场将成为推动全球自由贸易进程的重要力量。中国的服务贸易发展，不仅适应国内服务型消费需求，而且将形成与各国、各地区合作共赢的巨大市场空间，成为双边多边自由贸易的重要引擎。以中欧经贸合作为例，如果中国与欧盟（不包括英国）服务贸易占比由2018年12.6%提升到23.8%的全球平均水平，预计中欧服务贸易规模将达1678亿美元，增长近1倍。再以中日医疗合作为例，中国不断扩大的医疗健康市

场，为深化中日医疗健康产业合作、释放中日经济贸易合作潜力提供巨大市场空间。

2. 以打造高水平对外开放新高地为重要突破。深圳经济特区、自由贸易港、自由贸易试验区、粤港澳大湾区等，是中国建设更高水平开放型经济新体制的“试验田”，肩负着服务贸易和服务业市场开放的历史使命。要赋予其更大的改革开放自主权，率先对标国际高水平经贸规则，加大在市场准入、管理标准、透明度、知识产权保护、监管规则等重要领域的先行先试和压力测试。例如，对标世界最高开放水平形态加快推进海南自贸港建设，聚焦贸易投资自由化、便利化，建立自贸港政策与制度体系，打造引领中国新时代对外开放的鲜明旗帜与重要开放门户。以服务贸易一体化为重点加快推进粤港澳大湾区建设，推动建立三地互认衔接的服务业管理标准与人才资格要求，以实现粤港澳服务业产业深度合作、市场体系直接融合、服务体系全面对接。分类推进自贸试验区服务贸易开放，推动上海等自贸试验区率先对标全球高标准自由贸易园区。

3. 以推进全球自由贸易进程为战略目标。推进合作共赢、合作共担、合作共治的共同开放，建设开放型世界经济，是各国的共同责任。经济全球化的大势没有改变，各国走向开放、走向合作的大势没有改变。试图改变这个大势决不会成功。中国坚持高水平开放，主动推进双边多边自由贸易进程。例如，积极推动签署区域全面经济伙伴关系协定（RCEP），尽快完成中欧投资协定谈判，加快推进中日韩自贸协定谈判进程等。中国坚定不移地全面扩大开放，坚定不移地推进全球自由贸易进程，坚定不移地参与全球经济治理变革，将为国际社会注入更多正能量。

作为拥有14亿人的新型开放大国，中国的市场既是中国的，也是世界的。中国坚持推进以内需为导向的高水平开放，不仅能够有效释放14亿人的超大规模市场潜力，而且有利于全球共享中国市场；不仅有利于推动中国实现高质量发展，也将对疫情冲击下的世界经济复苏产生重要影响；不仅有利于中国以高水平开放促进深层次市场化改革，而且有利于全球分享中国全面深化改革开放的红利。

［作者系中国（海南）改革发展研究院院长］

1

第一编

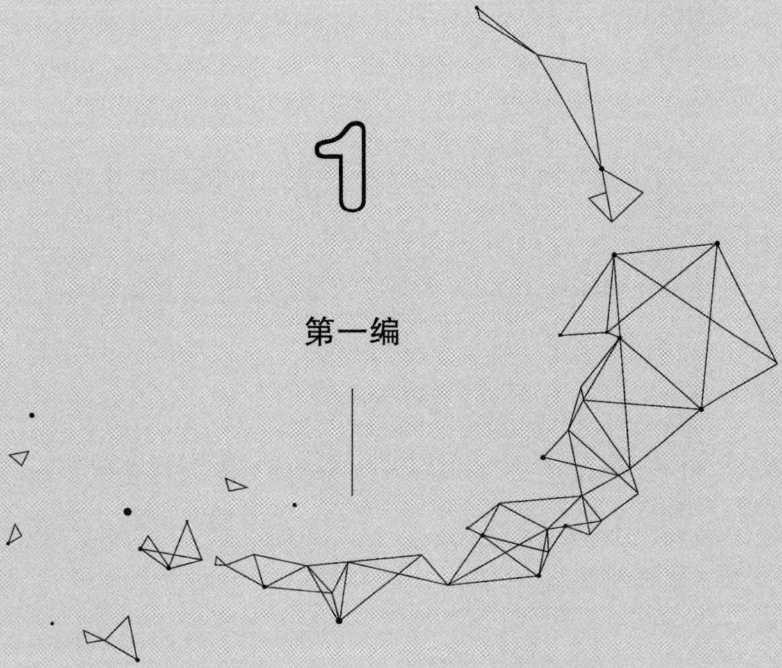

大变局下的中国与世界

中国的高水平开放对经济全球化至关重要

潘基文　联合国前秘书长、博鳌亚洲论坛理事长

“高水平开放的中国与世界”是一个国际社会普遍关注的重要话题。新冠肺炎疫情全球大流行给全球经济增长带来严重冲击，其影响远超2008年的全球金融危机。世界各国均面临着加强公共卫生体系、通过刺激实现经济复苏与保持金融市场稳定三者之间的艰难抉择。

打破三难抉择困境关键在于坚持多边主义、坚持自由贸易、深化国际合作。应对新冠肺炎疫情大流行，如果离开各国的共同行动，离开多边主义框架，很难奏效。在防疫领域，多边主义是建立全球共同防疫体系的基本原则。令人遗憾的是，有的国家做得并不是太好；但令人欣慰的是，中国不仅在疫情防控上取得重大成果，在推动经济复苏上也成效显著。中国前三季度经济增长已经由负转正。作为14亿人口的大国，过去三个季度以来，中国在防疫与经济增长上的协同推进，不仅对中国有重大意义，对全球也有特殊意义。

第一，中国的高水平开放在国际社会共同应对疫情的合作中发挥着重要作用。中国毫无保留地与世界各国分享抗疫经验，尽己所能为国际社会提供援助，中国应对疫情的经验可以为其他国家借鉴；中国已向150多个国家和7个国际组织提供了抗疫援助，并累计出口口罩1790多亿只、防护服17.3亿件、检测试剂盒5.43亿人份。当前，全球疫情面

临二次冲击，更加需要各国共同应对；发展中国家尤其需要国际援助，以弥补其公共卫生体系的不足。一旦疫苗进入市场，就需要国际协作，确保人人都能以合理的价格获得。中国同全球疫苗免疫联盟签署协议，正式加入“新冠肺炎疫苗实施计划”，既是高水平开放的重要体现，也是人类卫生健康共同体理念的具体体现。

第二，中国的高水平开放在推动世界经济复苏中发挥着重要作用。中国拥有 4 亿中等收入群体，内需大市场为全球所瞩目。随着中国高水平开放的推进，包括欧洲、东亚等在内的各经济体将越来越多地从中国市场中分享增长红利，正在为世界经济复苏注入动力和正能量。我高度赞赏习近平主席在第三届中国国际进口博览会开幕式主旨演讲中所强调的，“让中国市场成为世界的市场、共享的市场、大家的市场”。

第三，中国的高水平开放在维护多边主义、促进全球自由贸易进程中发挥着重要作用。在疫情冲击下，全球贸易和投资明显下降。世界经济复苏，需要加强以规则为基础的多边贸易体系、继续推进双边、多边和区域自由贸易进程。中国坚定维护以世界贸易组织为基石的多边贸易体制，推动构建更加开放的国内国际双循环新发展格局，将在促进全球自由贸易中发挥重要作用。

面对世界前所未有的大变局，有千言万语想要表达。但我最想说的是，我对中国的高水平开放充满期待，对维护全球多边主义、维护自由贸易进程充满信心。

中国高水平的开放将为世界带来新的机遇

吴海龙　中国公共外交协会会长

高质量的发展需要高水平的开放，高水平的开放需要有利的国际环境，这三者之间有着密不可分、相辅相成的内在联系。

学者和媒体都在讲“高水平的开放”，但究竟什么是高水平的开放，怎么推进高水平的开放？“制度型开放”既是高水平开放的重点，也是难点。无论是我们曾经与美国谈判过的《中美投资协定》，还是现在正在与欧盟谈判的《中欧全面投资协定》，以及将来可能要谈的《中欧自贸协定》，核心问题几乎都会涉及制度型的开放。

高水平的开放可能会伤筋动骨，高水平的开放可能要冲击一些既得利益的部门、行业的利益，可能会造成局部和短期利益受损，但唯其难，方能成其大。高水平的开放需要我们对现行的法规、管理和标准等进行较大的调整和改变。同时，深入推进高水平制度型的开放，要着力推动规则、规制、管理、标准等制度型的开放，提供高水平制度供给、高质量产品供给、高效率资金供给，更好地参与国际合作与竞争。

高水平的开放也是一种倒逼，有一种说法是“不逼怎么能知道你有多优秀”，逼也就逼出来了，逼出了自信，逼出了活力，逼出了创造力，逼出了竞争力。

高水平的开放有赖于一个有利的国际环境。有人说，不管世界怎么乱，最重要的是做好我们自己的事。这话听起来似乎没有毛病，但进一步细想，如果我们处理不好与外部世界的关系，如果我们的外部环境不好，今天对我们禁售，明天对我们脱钩，后天对我们制裁，我们怎么能做好自己的事呢？封闭起来搞发展是行不通的，我们必须要与世界联通，必须要与世界合作，中国是世界运行链条中的一部分，不是两条道上跑的车。因此，我们需要处理好与大国、其他发展中国家多边国际体系的关系。

对于寻求中美关系的缓和与改善，寻找两国新的相处之道、合作之道，我们不抱幻想，但也不能放弃努力。我们需要稳定与欧洲的关系，《中欧全面投资协定》如能达成，对推动中欧关系向前发展，深化中欧之间合作有着重大意义。我们也需要进一步改善和推进与周边国家的关系，签署 RCEP（《区域全面经济伙伴关系协定》）对促进和扩大我国与本区域国家间的贸易合作是十分重要的。我们也需要巩固和加强与广大发展中国家的关系，共商共建共享“一带一路”高质量的发展成果，我们要坚定不移地支持以联合国为中心的国际多边体系，反对单边保护主义，坚定捍卫多边贸易体制，推动贸易投资自由化。只有这样，我们才会为高水平开放创造一个有利的国际环境。

逆全球化原因、前景及中国的选择

贾庆国　北京大学国际关系学院原院长

一、逆全球化已经形成趋势

当前，尽管大家对全球化抱有很高的期待，但是，逆全球化已经是一个现实。目前在很多国家特别是发达国家内部，反全球化的声音很强，贸易保护主义高涨，英国脱欧、特朗普当选都是逆全球化的具体表现。

特别是特朗普治下的美国大打贸易战、科技战、与中国经济脱钩，以及新冠肺炎疫情的出现，进一步加剧了这一历史进程。国家间经贸出现负增长：联合国贸发会议报告显示，2019 年全球贸易呈停滞态势。继 2018 年 9.7%大幅增长，2019 年全球商品贸易预计下降 2.4%，约 19 万亿美元；服务贸易预计增长 2.7%，约 6 万亿美元，较 2018 年 7.7%的增幅大幅减速。大宗商品需求及价格在 2019 年初开始大幅下跌。自 2018 年迄今，全球海上运输失去增长动力，海运贸易量仅增长 2.7%，远低于 2017 年的 4.7%，港口集装箱运输量增长 4.7%，同比下降两个百分点。简言之，2019 年全球经贸各项指标均显示贸易增长速度放缓。

新冠肺炎疫情大流行加剧了这一趋势。根据世贸组织最近的报告，由于新冠肺炎疫情，世界贸易将受重创，程度超过2008—2009年的金融危机时的情况。在这样一个背景下，世界经济已经出现萎缩。

二、逆全球化的主要原因

为什么全球化给世界带来前所未有的繁荣和好处的同时，却出现了逆转的趋势？有以下几个原因。

1. 全球化为美国主导，依托的是市场规则，强调的是公平交易，追求的是生产效率。虽然这有助于激发竞争和创新，但也造成国际上强者越强、弱者越弱的局面。在此情况下，尽管大多数国家都从这样一个过程中受益，但受益程度差别很大。一般而言，发达国家拥有资金、技术和管理经验，同时也更会利用国际规则保护自己利益，所以更有能力把握全球化带来的各种机遇谋取利益。发展中国家则相反，不仅缺乏资金、技术和管理经验，利用国际规则保护自己的能力也较弱，同时也不善于把握全球化的各种机遇谋求利益，所以在同等条件下与发达国家在竞争中处于劣势。

2. 全球化也加剧了世界多数国家国内财富分配两极分化的趋势。全球化虽然给各国民众都带来了一定经济上的好处，但由于全球化市场竞争的需要，各国都竞相提高获得资本、技术及管理经验的回报率，甚至不惜调整各自致力于本应平等的税收和福利政策，以吸引外资和引进技术及管理经验。结果少数拥有资本、技术和管理经验的人在收入分配中占有的份额越来越大，使得国内两极分化严重，并呈现不断恶化的趋势。而且，这种情况不仅出现在发展中国家中，也出现在发达国家中。全球化强化了这一发展趋势，根据联合国开发计划署统计，20世纪90年代初，高收入国家的平均基尼系数是0.414；20世纪末，这一数字为

0. 453。20 世纪 90 年代初，低中收入国家平均基尼系数为 0. 385；20 世纪末，这一数字为 0. 415。

3. 上述情况加剧了国家间与国内不同群体间的利益上的矛盾和冲突。国家间的两极分化导致国家间利益和国内利益的分化，从某种意义上讲，穷国和富国、发达国家和发展中国家之间的矛盾变得越来越难以调和，很多国家内部在国际贸易问题上利益分歧加大，两者互动，使得国际贸易出现政治化的趋势。这增加了国际经贸合作的难度，世贸组织多哈回合之所以长期无法取得进展跟这个问题有着直接的关系。面对汹涌澎湃的贸易自由化浪潮，许多发展中国家认为，唯有坚持一定程度的贸易保护水平才能最低限度地保障自己经济的生存和发展，所以它们无法接受发达国家提出的进一步降低关税的条件。

4. 国家间和国内两极分化还导致其他若干问题。一是面对全球化浪潮的冲击，民众安全感下降，只能依赖国家保护自己，这一方面增强了对国家提供保护的需求，另一方面也给政客们通过搞民粹主义和煽动民族主义谋求政治目的创造了更大的空间，结果和前期不少人的预期相反，全球化不仅没有带来国家作用的弱化和民族主义的消亡，反而导致国家作用的强化和民族主义的上升。二是大量被边缘化的民众生活艰难，极端势力利用民众对现状的不满扩大影响，导致恐怖主义蔓延，酿造出一个个人间悲剧。三是全球化虽然给各国带来很多福利，但由于福利分配不均，很多人不仅没有享受到预期的福利，反而收入下降，甚至失去工作，深受其害。结果，许多国家内反全球化的声音不断高涨，就连美国这个在全球化过程中得到最多福利的国家也不例外，这也是特朗普为什么会在与希拉里的竞争中脱颖而出的主要原因。

近年来，中美关系冲突的明显加大进一步加剧了逆全球化进程。随着中国的强大，中国做的许多事情，美国过去可以默认和容忍，现在变得越来越不能默认和容忍，比如说中国实行不同的经济治理模式，包括国企等，当中国弱的时候对美国不是什么太大的问题，中国强大了就变成问题了。所以，即使特朗普下台，其他人执政，美国也会要求中国改变现行的经济治理模式，并以威胁脱钩或部分脱钩的方式向中国施压。

三、经济全球化的发展前景

由于上述的原因，短期内逆全球化的趋势还会存在，这里的短期不是明年后年的事情，可能是 5 年、10 年，也可能是 20 年、30 年。上一次全球化大幅逆转是 1914 年到 1945 年，持续了 32 年，这次多长时间很难判断，取决于许多因素的变化。

1. 变数之一是中美关系的演变。中国崛起的速度以及意识形态和政治制度与美国的差异导致美国对中国的崛起担心迅速增长。特别是最近几年，在美国反华势力的渲染和推动下，这种担心正在演变成对抗甚至敌对政策。特朗普政府开始将中国视为另类国家。和同类国家不同，另类国家的存在就是威胁。在此背景下，特朗普政府从最坏的角度解读中国的言行，从“一带一路”到疫情援助，从科技合作到人文交流，不管中国做什么都被视为针对美国的阴谋和挑战。中美经贸关系也被从这个角度重新诠释，成了对中国经济脱钩的借口。只要中美关系恶化趋势得不到扭转，中美脱钩和逆全球化趋势就很难改变。

2. 变数之二是中国自身的改革。由于中国经济治理模式确实与国际通行的经济治理模式不同，美国许多人认为中国挑战了全球经济秩序和规则，危及美国的安全，所以有必要对中国施压甚至进行一定程度的脱钩。过去美国和西方国家认为中国经济块头较小、效率低，对它们经济的冲击不大。现在不同了，中国的经济规模和效率大幅提升。面对美国的压力，中国国内也有不少人认为有必要通过创新取代对美国核心技术的依赖。两者相互作用导致中美经贸关系弱化并出现脱钩趋势。鉴于中美两国经济规模巨大，两国经济摩擦和脱钩将进一步加剧逆全球化趋势。只有中美关系稳定或改善，两国经济上脱钩趋势才有可能减缓和停止。

3. 变数之三是国际秩序的变革。美国主导的全球经济秩序，尽管有很多好处，比如说强调公平、强调竞争、强调效率。但是，它有一个非常大的问题就是不太强调平等，特别是结果上的平等。这就造成一个非常大的问题，就是各国两极分化的趋势，未来国际秩序是不是需要在这方面有所调整？比如说一个国家要加入 WTO 或继续维持 WTO 成员国地位，国内的基尼系数必须保持在一定的水平之下。目前美国国内政治格局决定了美国在可以预见的将来不太可能会将它作为其经济治理和国际经济治理的主要考虑因素。鉴于美国在世界上的地位和影响力，所以，在可以预见的将来，上述改革很难实现。而大多数国内两极分化的趋势会继续，这将进一步加剧那些从全球化进程中没有得到好处的民众的不满，从而增强反全球化的力量。

尽管短期内逆全球化趋势难以遏制，但是从长远的角度来说，逆全球化却是不可持续的，为什么？因为历史证明，对几乎所有国家而言，全球化利大于弊，有利于和平，有利于建构国家间的合作意愿，可以说全球化是基于科技和通信技术发展及人类各种需求相结合形成的历史发展的大势，喜欢也好，不喜欢也罢，都无法从根本上改变。

四、中国的选择

1. 我们要客观地认识全球化给我们带来的机遇和挑战。也就是说我们既要看到全球化给我国带来的实惠和机遇，也要看到它给我国带来的问题和挑战，还要看到实惠和机遇远远大于问题和挑战。基于对超级全球化的这样一个总体判断，我认为我们应该顺势而为，继续积极参与全球化，同时，在参与的过程中，趋利避害，顺势而为，量力而为，借力而为，有所为有所不为，最大限度地抓住全球化带来的实惠和机遇，最大限度地控制和减少全球化对我国的负面影响。

2. 我们要积极参与经济全球化的进程。全球化给我国带来的好处是多重的，其中包括：（1）贸易自由化能发挥我国优势，提高生产效率，创造更多财富和繁荣。（2）贸易的增加有助于增厚国家间合作的利益基础，有助于我国营造一个和平与稳定的国际环境。（3）经贸关系的发展也有助于推动国内的改革。因此，我们在国际上应该继续积极维护一个自由开放的国际贸易秩序；联合其他国家，维护和推动国际贸易自由化，旗帜鲜明地反对贸易保护主义；积极参与和推动全球、区域、多边和双边贸易谈判。具体包括推动多哈回合的谈判，积极推动《区域全面经济伙伴关系协议》的落实，加快中日韩自由贸易区谈判，继续推动中国和相关国家双边自贸区谈判进程，以及尽快重启与美国双边投资协定的谈判。通过上述做法为我国利用全球化发展和完善自己营造一个良好的外部环境。

3. 加大国内改革开放的力度。包括进一步落实党的十八届三中全会决议，让市场在资源配置过程中发挥更大作用；扩大市场准入，实行负面清单制度，减少政府对市场不必要的干预，营造一个良好的投资环境；改革现有国有资产拥有和保值增值的做法，成立国有资产控股公司，按照国家发展战略和企业市场竞争能力和潜力原则而不是所有制性质对企业进行投资，从而在实现市场公平竞争、提高国家经济竞争力的同时，确保国家发展战略的实施和国有资产更好地保值和增值，进一步优化和扩大公有制基础；落实党的十八届四中全会加强法治的决议。加大对知识产权保护的力度等。

4. 科学合理布局科技创新。面对西方“卡脖子”的问题，我们要全面冷静思考。把攻克“卡脖子”技术放在创新驱动的突破方向。始终保持创新姿态，不断提升斗争本领。中华民族伟大复兴，绝不是轻轻松松、敲锣打鼓就能实现的，在前进道路上我们将会遇到难以想象的惊涛骇浪。一是科技创新和管理创新永无止境，只有持续创新才能支撑中华民族强起来的艰巨任务，任何松口气的想法都是危险的。二是关键核心技术是要不来、买不来、讨不来的，坚持创新发展的步伐一刻也不容迟缓。三是自主发展和开发合作要双管齐下、均匀发力，掌握核心是获得对方尊重的重要门槛，也是打破封锁的关键钥匙。

所以，要想充分利用全球化带来的好处并且在全球化过程中立于不败之地，我们可能需要的是选择性依赖和独立自主，选择性依赖使我们离不开别人，这样使对方对我们的发展放心，对我们继续开放，而选择性独立自主的目的是让别人离不开我们，这样让我们自己安心。在彼此放心的基础上开展合作，互利共赢。

5. 针对全球化加剧国内两极分化的问题，我们应加以重视并研究应对措施。政策上、税收上和制度上加大支持大众创业、万众创新的力度，同时支持和鼓励中外企业创造就业岗位；进一步扩大国家对社保、医保和在职教育的投入；加大对落后地区的投入和帮扶；对高收入人群严格执行税收政策；等等。

6. 鼓励对外交流。对外交流是我们参与和利用好全球化的基础，改革开放以来，中国之所以取得如此大的发展和进步也与我们鼓励对外交流分不开。然而，最近一些年，国际和国内都出现了为了安全限制交流的做法，这些做法阻碍了国家间有效的交流，不仅使我们难以获得从交流能够带来的好处，也增加了国际上对中国的不信任和限制，客观上助长了国家间经济和社会的脱钩。为此，建议在保证国家安全的前提下，采用负面清单的方式放开对外交流。

我们要未雨绸缪，积极为未来参与引领全球化做好准备，特别是全球治理方面的准备。目前，我们要积极推动大学和智库的发展，加强对全球化和全球治理的研究，积极探讨理想的全球化模式，特别是如何影响和塑造全球化使之在实现效率和公平的同时，也能更多地兼顾平等，使全球化带来的实惠能够惠及更多的人，为我国未来参与引领新一轮全球化奠定理论和知识的基础。

世界各国应对疫情的政策影响

张宇燕　中国社会科学院世界经济与政治研究所所长

关于各国政府应对疫情的政策，我具体论述两个方面。一方面是财政政策。财政纾困的总金额全球大概 21 万亿美元，其中美国仅财政赤字就增长了 3.3 万亿美元，幅度很大。欧盟也是 1 万多亿欧元，我国也发行了特别债券。另一方面是货币政策。货币政策一直都是非常宽松的。美国的货币政策、美联储政策已经把它的通货膨胀目标前加了“长期”，也就是把长期通货膨胀控制在 2%的水平，“长期”意味着容忍短期的通货膨胀，这一点非常重要。至于量化宽松政策，美联储没有说总目标、总盘子是多大，而是无限量的货币宽松。

这些政策的出台，对世界经济长期增长的影响主要是以下几个方面：

一是疫情后到底通缩还是通胀？对此有很大的争议。二是对全球价值链到底有什么影响？三是资本市场的稳定性有多高？四是全球治理政策走势是什么？

1. 通胀和通缩争议比较大。持通胀的观点认为，发了这么多的债券，货币政策如此之宽松，通货膨胀甚至恶性通货膨胀自然而然。通缩的观点认为，现在货币流通量大，但是流通的速度放慢，人们受到惊吓以后，消费者越发保守。美国的储蓄率，4 月是 8%，到了六七月份一下子上升到 25%，表明消费者对市场预期产生了变化。2008 年金融危机迅速扩张，许多人说宽松政策导致通货膨胀，但事实并非如此。这次可能还是这样。

与之相关的问题是货币政策本身可能带来的风险。现在货币政策工具多是教科书中没有讨论过的。一是量宽。二是控制收益率曲线。三是负利率。现在全球负利率债券达到了 17 万亿美元，在所有的可投资债券中占到 25%。四是定向大额贷款，主要是在欧洲，欧洲央行向认准的重要商业银行给予负 1%的贷款，规模是 1. 5 万亿欧元。五是直升机撒钱，主要形式是直接把钱打到个人账户。

这些政策都是教科书没有的，影响是什么呢？最近英国皇家国际事务研究所主席、“金砖”一词的创造者奥尼尔说，货币政策大多效果不佳，我们可以考虑推出一个名义 GDP 增长指标，如 4%，所有的政策要围绕 4%的名义 GDP 增长，这一想法很有创意。

2. 价值链。由于疫情的出现，人们开始反省价值链，认为它过于紧密、过于集中、过于缺乏弹性。人们关注价值链主要有几个原因：一是技术进步使得劳动力价格的差异在国际分工和贸易中的作用下降。二是因为自然灾害、黑客攻击和贸易纠纷等，价值链断裂的频率比以前提高。三是市场对配送的时间有了新的要求。四是很多国家的政府出于政治或大国博弈的目的推出脱钩、提高自给率、产业回流等政策，各种原因加到一起，将对价值链产生较大的中长期影响。

3. 资本市场。资本市场的问题现在很多。国际清算银行对当今资本市场基本的评价是资产价格与经济前景和资产质量高度背离，这意味着未来可能会出现资产价格的大幅度波动，包括美元未来走势。2020 年 4 月到 10 月，美元指数降低了 7 个百分点，如此规模的货币宽松政策也将影响到美元未来的稳定性。

4. 全球治理。其中特别重要的是 WTO 改革过程中的大国博弈。

当今世界正在经历百年未有之大变局，其最显著的特征是大国力量对比发生深刻变化以及由此而引致的利益与权力的博弈。信息技术革命既是当前大变局产生的重要驱动力，也是大变局中大国博弈的重要载体和工具。理解百年变局有八个维度，即大国实力对比变化、科技进步影响深远并伴随众多不确定性、民众权利意识普遍觉醒、人口结构改变、国际货币体系演化、多边体系瓦解与重建、美国内部制度颓势显露和中美博弈加剧。可以看出，以信通技术为引领的科技革命既是大变局不断深化演变的一个考察维度，也是导致大国实力变化、民众权利意识觉醒、国际货币体系演化以及全球多边体系重构的重要驱动力，而在日益加剧的中美战略竞争中，网络空间也必然会成为大国博弈的重要载体。

推动建设开放型世界经济

叶辅靖　国家发展和改革委员会对外经济研究所所长

关于相互联系又相互区别的辩证关系。第一个是建设更高水平开放型经济新体制；第二个是推动建设开放型世界经济。前一个主要是要求国内做的，是我们自己的开放任务；后一个主要是“推动”建设开放型世界经济，不是我们自己能够完成的，必须和世界上其他国家一起来共同完成。

一、开放型世界经济的特征

什么是开放型世界经济？我认为，开放型世界经济应该是，资源能够在全球自由便利配置的世界经济。它有三个基本特征。

第一个特征是坚持经济全球化方向。无论是政府还是民众，都支持国与国之间、经济体和经济体之间的交流、接轨、融合和一体化。

第二个特征是高水平的贸易投资自由化便利化。商品要素包括数据在全球自由便利地流动。

第三个特征是有共同的规则。大家都接受全球经济治理，接受共同规则的约束和规范。这个规则应该是大家通过共商建立的，目的是维护人类共同的整体利益，它与时俱进，但不是单边意志和利益的产物。不能合则用、不合则弃。

二、主动推动开放型世界经济构建

构建开放型世界经济不是中国一家的事情，是世界各国共同的任务。那么，从哪里入手推动呢，如何推动呢？首先要搞清楚障碍在什么地方。我认为，障碍主要有三个方面：一是国际环境受到了严重“污染”。经济全球化遭遇逆流，单边主义、保护主义上升，贸易投资霸凌主义当道。二是礼崩乐坏，不遵守共同规则。三是某些国家“国家安全”的极端政治泛化。

因此，要推动建设开放型世界经济必须首先排除上述三大障碍。

首先，要与各国一道努力营造良好的国际环境。我们已经不是国际环境的被动接受者，而是极为重要的塑造者。要通过构建新型国际关系和人类命运共同体，不断改善这个环境。中美关系在改善这个环境中具有杠杆作用，处于纲举目张的地位。要从战略性、二重性和悖论性出发，抓住美国新旧政府政见风格的不同，妥用美内部分化调整契机，促使美国增强理性和建设性，树立长远眼光，推动两国关系重回正常轨道。尽管对中美关系中的一些本质性、结构性的东西不能抱有幻想，但也不能轻易放弃哪怕是因对方侧重点的变化而带来的机会。我们还应扩大共识增强纽带缩小分歧，推动欧日等发达国家关系的健康发展。要尽力避免世界分裂成两个规则体系、两个平行的市场，要维护全球统一的大市场。

其次，坚定维护以 WTO 为代表的多边贸易体制，推动完善国际经济治理体系和治理框架，形成共同的新型全球经贸规则体系。

坚持维护多边贸易体制的核心价值，保障发展中成员的发展利益，遵循协商一致的决策机制。坚定维护多边贸易体制的主渠道地位，保证发展中成员的特殊与差别待遇，尊重成员各自的发展模式。秉持共商共建共享的全球治理观，维护以规则为基础的多边主义和以联合国为核心的国际体系，支持联合国系统在全球治理进程中发挥关键平台作用。推动国际经济治理体系与时俱进反映全球经济格局变化和新兴市场国家的利益诉求，推动国际货币基金组织和世界银行改革，进一步完善份额和治理结构。积极提供具有中国特色的国际公共产品坚定不移实施高标准自贸区战略。积极实施“一带一路”倡议，为开放型世界经济体系建设提供重要支撑。在气候变化、全球卫生治理、贸易便利化、隐私保护等议题加强合作，巩固开放型世界经济发展的基础。

就我国而言，有两个问题需要解决：一是我们还需不需要与高标准的国际经贸规则接轨，并遵循共同的经贸规则？二是如何就国际规则的新议题形成新的规则？

大家都知道下棋、打牌先要有共同接受的规则，没有共同的规则，游戏就不能玩下去。我们的国家为什么和国际接轨，道理也是这样，都按自己的游戏规则，只能自己跟自己玩。我认为，现阶段我们还应继续对接高水平的国际经贸规则，在对接中增强适应性和影响力，提升创设引领能力。第一，高水平的国际经贸规则以其先进性、科学性、合理性，适应生产力发展的新要求，有利于各种要素在全球范围内高效有序地流动和配置，从而有利于生产力的发展和竞争力的提升，有利于全球化的健康发展，有利于占据道义制高点。第二，许多高水平经贸规则经历了长期的实践过程，已被国际社会广泛接受和认可，成为国际通行规则，我们要继续融入全球经济国际体系，就必须首先接受这些规则，否则就会被视为另类，打入另册，陷入孤立。第三，对接高水平国际经贸规则是我们施加影响、做出修正的有效途径。只有融入主流，才能对主流施加影响、加入中国元素，把自己的东西纳入主流让别人识别、接受。第四，中美贸易战说明，尽管我们在一些领域进入了并跑阶段，少数领域开始领跑，但总体上，仍处在跟跑阶段。我们的主要任务仍是从本国国情出发，以谦虚的态度学习借鉴先进的规则和标准，同时，在并跑领域相互借鉴，取长补短，扬长避短；在领跑领域，不断扩大影响，以自己的先进、合理和适用，获得国际社会的认可和采用。

至于如何对待全球治理中的新议题问题。我们从美欧日的 7 个联合声明，美墨加贸易协定、TPP、TTIP 新自贸区相关条款，以及莱特希泽方案等，已经了解到了发达国家提出的代表它们利益的方案或意向，涉及的议题主要就是非市场导向的政策做法、国有企业和补贴规则、知识产权保护和强制性技术转让、数字贸易、竞争中性、竞争政策、环保政策、服务业开放、劳工政策、WTO 改革、发展中国家地位及差别化待遇问题。我们要参与全球治理规则的制定，除了要进一步完善我们自己的主张外，不可回避地还要强有力地回应发达国家的方案。我们要深入研究国际经贸规则在传统“边境”领域、数字贸易等新兴“边境”领域以及知识产权保护、环境、政府采购、中小企业、产业政策等“边境后”领域的演变趋势，并和我国现行政策体系进行系统全面的比较，明确“差距”和“差异”所在。对于知识产权保护、环境、政府采购、贸易便利化、关税减让、服务业开放等和我国经济高质量发展方向基本一致的经贸规则体系，制定切实可行的深化改革、扩大开放方案。对于国有企业、数字贸易等一些短期内尚不能形成全球统一规则的领域，注重吸取其有益因素，在坚持原则的基础上加强与世界各国的制度协调，争取求同存异，互相借鉴，共同发展。

最后，反对某些发达国家将国家安全滥用和泛化。

现在某些发达国家频繁以维护所谓“国家安全”为借口幌子，不惜采用断供、禁用、封堵、关门、抢夺、切断和截流等手段，遏制打压阻碍别国发展，破坏世界经济的正常运行。这是极端化、政治化、高度恶意的安全观。这种滥用和泛化已经严重损害了开放型世界经济的基础，必须坚决予以反对。

对我国而言，我们要坚持总体国家安全观，政治、经济、意识形态、信息等安全红线必须守住，但也要进一步辩证而精准地看待对外开放中的安全问题，把市场准入与内容监管分开。我们有些行业的安全定义不够明确，指向不够精准，范围泛化，国家安全与商业安全未作有效区分，结果，因对安全风险的担忧使有些领域的开放踟蹰不前。泛泛而笼统地与安全挂钩，不仅限制了这些领域的开放水平，而且也不利于在应该强化国家安全管控的领域有效维护国家安全，可以放开的环节由于限制也没有机会开放。

理解变化中的中国与世界

华强森　麦肯锡全球研究院院长

一、中国与世界的融合程度

首先，我们选取八个维度来分析中国和世界的融合程度。第一是贸易。从货物贸易角度来说，中国是最大的贸易国家，但服务贸易占比还是比较小。第二是企业。目前世界五百强企业中有 120 多家是中国企业。第三是资本。中国有全球最大的银行，资产超美国两三倍。但是，其中有多少是外方的资产，外方股东是多少，可能不超过 2%。所以中国的资本是比较独立的，与世界是完全分开的。第四是人员。从中国与世界的关系来看，中国在海外的留学生占全球 17%左右。而从外国学生来华学习的情况看，却只有 2%～3%的留学生选择来中国。所以，发展吸引来华的留学教育是一个机会。第五是技术。中国近年来的发展很快，现在是全球第二的研发投资者。可是从中国与世界的结合来说，还有很大的发展空间。第六是数据和知识产权。中国知识产权的进口量大概是 260 亿，也是一个发展的机会。从数据来看，中国互联网规模已经是全球最大了，中国 9 亿多人使用互联网；然而从跨境宽带的容量来说，中国与新加坡差不多，跨境的容量比较小。所以，跨境贸易方面还有很大潜力。第七是环境影响。中国是全球可再生能源的最大投资者。第八是文化。中国也是文化的最大投资者，比如在全球范围内建设孔子学院等。所以，综上来看，中国在对外开放发展方面还有很大的空间和机会。

二、中国与世界经济的互相依存及其趋势

经过调研显示，中国对世界经济的依存度在相对下降，而世界对中国经济的依存度在相对上升。从图 1 分析，图中浅蓝色是中国对世界经济的依存度，深蓝色的是世界对中国经济的依存度。可以看出，2000 年到 2019 年，世界对中国经济的依存度指数逐步攀升。具体来说，从 2000 年的 0.4 攀升到 2007 年的 0.7；到 2012 年时，世界对中国经济的依存度指数超过了七大经济体的加权平均依存度，数值高达 1.1；截至 2019 年，世界对中国经济的依存度指数达到了 1.3。由此可见，世界对中国经济的依存度在 2000 年至 2019 年一直处于相对上升的趋势。相反，中国对世界经济的依存度却在相对下降。具体来说，从 2000 年到 2007 年，中国对世界经济的依存度稍有上升，从 0.8 上升至 0.9，但随后 2012 年该指数降至 0.7，截至 2019 年，该指数降至 0.6。因此，这组数据足以说明一个结论，中国对世界经济的依存度在相对下降，而世界对中国经济的依存度在相对上升。

2000 年前对于全球经济来说，中国不是最关键的，现在则是完全反过来了，中国对世界经济的影响越来越大。这是很自然的，主要有两个影响因素。一是中国的市场扩大了，中国市场比全球的市场增长得更快。二是价值链，中国的价值链越来越深入、越来越广。这是一个趋势，而且这个趋势还没有结束。现在强调对外关系比以前更重要了，我们的对

外关系要考虑到核心的趋势，也就是未来的方向。现在中国的发展对世界经济有很大的影响，因此中国的对外关系越健康，就越会对全球经济产生更大的影响。

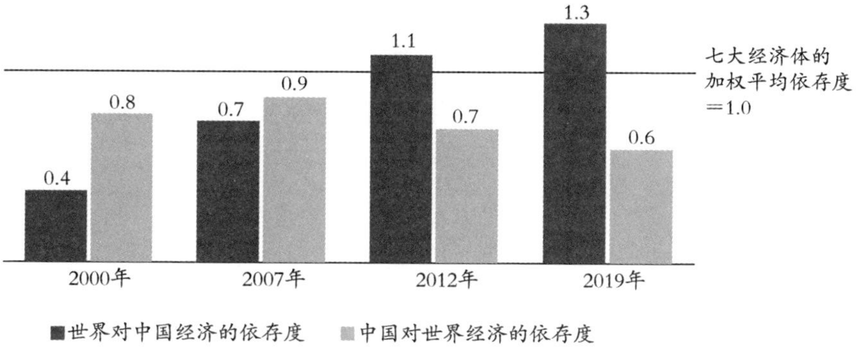

图 1　中国—世界依存度指数（贸易、技术和资本）

资料来源：麦肯锡全球研究院统计数据。

三、对中国未来发展举措的建议

中国与世界之间的互动或多或少可能会涉及 22 万亿至 37 万亿美元的经济价值，有 15%到 26%的世界 GDP 是与中国相关的。具体包括五个举措，也是五个机会：

一是开放贸易。由于高科技产品多被发达国家所垄断，因此开放贸易对发展中国家尤为重要，对低价格的产品也更加有意义。

二是改善服务。全球跨国公司对服务产业都有丰富的经验，中国可以利用这个机会，在未来提高服务产业效率。

三是整合金融。现在我们的金融是比较独立的，也是很危险的，因为独立金融体系会提高不稳定的因素，特别是对当地市场。中国需要考虑怎么建设更有依存度的金融体系。

四是保护公共财富。这是一个很有价值的领域，公共财富中环境非常关键。

五是技术创新。技术创新从价值角度来说，可能是最明显的。

中国的对外开放还没有结束，还有很多的机会，中国可以致力于发展更健康的对外关系，这是一个很有价值的宝贵资源。中国有句俗语："一不做二不休"，要做就要做得更好。

中国居民收入可持续增长是全球性问题

曹远征　中银国际研究有限公司董事长

党的十九届五中全会审议通过《中共中央关于制定国民经济和社会发展第十四个五年规划和二〇三五年远景目标的建议》，是一个雄心勃勃、面向现代化的规划。以往只有 5 年规划，现在跨越了 15 年。其目标很明确，2035 年，人均 GDP 赶上中等发达国家水平。从国际社会看，发达国家都是高收入社会，人均 GDP 通常 3 万~4 万美元，而当前中国人均 GDP 刚突破 1 万美元。如何进入高收入社会变成一个关键性问题。根据全球经验，在进入高收入社会前要面临“中等收入陷阱”挑战，“十四五”期间中国的重大任务就是跨越中等收入陷阱。

中国将改革开放作为战略举措，将技术创新、科技创新作为基本的发展方向，提出形成一个新发展格局——双循环。怎么才能实现这个战略？怎么跨越中等收入陷阱？已有经验可以借鉴。我从一组数据的变化中来探讨，提出为什么中国居民收入的可持续增长是全球性问题。

十几年前，国际金融危机的爆发暴露出一个深刻的问题，即全球经济发展的不平衡。全球经济不平衡首先表现为经常项目的顺逆差占 GDP 比重过高，并呈现系统性偏差，即发展中国家顺差占比系统性偏高和发达国家逆差占比也系统性偏高，而在发展中国家中，中国尤为突出。2007 年，中国经常项目顺差占 GDP 比重将近 10%，中国对外贸易依存度达到67%。这是全世界大型经济体中绝无仅有的。全球经济不平衡的实质是投资与消费的全球不平衡。发展中国家投资过多，消费过少，而发达国家则相反，消费过多，投资过少。很多研究都认为，这是导致2008年金融危机的重要原因。要避免危机出现的重要举措就是全球经济再平衡。并由此，国际社会提出，一国经常项目顺差不能超过其GDP的4%。中国消费过少投资过高，而美国消费过高投资过少，全球第一和第二大经济体的经济再平衡因此成为全球经济能否再平衡的核心问题。

国际金融危机10多年来，中国经济发生深刻的变化，现在中国经常项目顺差占GDP比重由当年接近10%下降到现在的不足1%。中国当时是出口导向的经济，产能是为全世界准备的。如果经常项目顺差持续减少，就会导致产能绝对过剩，由此构成2015年提出供给侧结构性改革的重要原因之一。现在回头看，产能过剩的情况似乎并没有想象的那么严重。重工业化确实有过剩之嫌，但是冰箱过剩吗？洗衣机过剩吗？电视机过剩吗？不过剩，卖农村去了，因为过去10年农民收入在持续增长。同样，再看看汽车工业，也出现一个深刻的变化。中国乘用车销售最好的是SUV，销售的前十大品牌中八大品牌都是曾经名不见经传的中国品牌。其售价都在10万元以下，恰好满足刚刚进入小康水平的农民家庭的需要。这就提醒我们，中国居民收入，尤其中低收入居民收入的持续提高是中国市场持续扩大的基础。

故事可以追溯到10年前。面对全球经济不平衡，“十二五”规划提出，要扩大内需，重点是扩大最终消费。为此要形成机制，即“两个提高、两个同步”。一是提高初次分配中工资所占的比重，要求跟劳动生产率的提高同步；二是提高居民收入在整个国民收入中所占的比重，要求跟GDP增长同步。其中后一个提高和同步，即2010年到2020年，GDP翻一番，居民收入翻一番被视为全面建成小康社会的核心指标。这个指标在过去 10 年基本实现了。

过去 10 年，中国居民收入基本跟 GDP 增长保持同步，特别是中国低收入阶层的农民收入增长又是略高于 GDP 增长的。由于农民是占中国人口的主体，基于农民收入增长的内需持续扩大，不仅导致了刚才提到的工业品大规模下乡的现象，而且更为重要的是，随着内需的扩大，中国工业品不得不出口的局面大为改观，构成中国经常项目顺差占 GDP 比重持续下降的基本原因。从这个意义上讲，中国居民，尤其中低收入居民收入的持续提高使中国在全球经济再平衡中表现最为突出。它也为实现以内循环为主体提供了可靠的基础，同时也为双循环互促提供了依据。

如果中国居民收入持续增长，中国市场就会持续扩大，如果这个持续扩大的市场通过规则、规制、标准、管理等制度性开放为全世界所共享，中国就在拥抱全球化，甚至引领全球化。由此，以国内循环为主体、国内国际双循环互相促进就畅通了。而“十四五”就是打通这个的关键时期。

可以从这个角度再总结一下改革开放的基本经验。过去 40 多年的改革开放，中国经济快速增长成为世界第二大经济体。但这仅是故事的一个方面，故事其实还有一个更重要方面，改革开放过程就是中国居民持续收入提高的过程。

按照现有扶贫标准，40 年前 98%的中国人达不到这一收入水平。随着改革开放的深化，中国的工业化城市化不断发展，更多的农民卷入工业化、城市化。1978 年城市化率只有 18%，现在是 61%。40 多年来，有将近 6 亿农民进入城市，进城务工，使家庭收入不断增长。从这个意义上来说，城市化是提高中低收入阶层的收入增长的基本途径。“十四五”规划提到要扩大中等收入群体，核心是提高低收入群体收入，而城市化是其最主要的实现方式。我认为，以城市化为纲来深化改革开放，进而提高居民收入，就是对中国改革开放经验的坚持和延续。由此，深化要素市场化的改革十分重要，其中劳动力和土地市场化又极为迫切。首先，农民工市民化，中国现在还有2.9亿农民工，如果他们市民化了，在城市定居下来，将会极大地改变他们的消费行为。由于可以在城市定居，包括宅基地在内的农村集体土地入市就有了基本条件，农民就有了财产性收入，连同农民在城里的务工收入增长，就可以使其加快成长为中等收入群体，并有效扩大消费。

更为重要的是，以此来建立城市化的长效机制，将会释放中国经济增长潜力。中国的城市化率目前只有61%，从中国过去的经验看，每年的城市化率增加一个百分点，未来15年中，还有很大的增长空间。伴随城市化，中国经济依然可以有一个较高的增长速度。我们曾测算未来15年，平均增长速度在4%~5%。若此，到2035年，中国的GDP仍会翻一番。根据过去10年的经验。如果居民收入与GDP增长仍保持一致的话，15年后中国居民收入也将会再翻一番，中国将会成为全球最大的市场。

世界的市场中心正在由美国转移到中国，这将改变中美战略竞争的格局。使中美竞争不完全聚焦于供给端，从而也不必然出现竞争的零和结局，会出现新的前景，因为中国正以居民收入增长为中心在平衡着全球投资与消费的失衡。中国居民收入的可持续增长因此成为全球性问题。而中国将这一居民收入可持续增长所带来的市场可持续扩大为全球所共享，中国以此来走进世界舞台的中央并塑造一个新的全球化格局。未来15年，我们要把自己的事情办好，争取这一光明前景。

全球经济治理新格局与全球产业链重构

李志坚　亚太创新经济研究院理事长

当前，全球价值链和全球产业链的重构影响和改变着世界经济秩序，全球经济治理体系亟待改革和创新。WTO 发布的《全球价值链发展报告2019》中提出，全球价值链有两大宏观变化趋势，我将这两大变化概括为两个“合二为一”。

第一，“工厂”和“市场”逐渐合二为一。国家经济实力提升与中产阶级不断壮大使得发展中国家的购买力不断上升，地区内贸易额也随之增长，这一点在亚洲尤为明显：从前，亚洲工厂生产出来的产品大多出口销往欧美市场；如今，越来越多的亚洲产品直接流向了亚洲市场。可以预见，全球产业链将随着价值链的重构而重构，很有可能会由过去的全球水平分工模式转向区域垂直整合模式。此次新冠肺炎疫情全球大暴发，给水平分工模式下的产业链带来巨大冲击，也迫使我们思考如何进一步提升产业链抵抗风险的能力。因此，全球产业链重构的方向之一必然是垂直整合，即产业链上中下游绝大部分环节都集中在亚洲、非洲、欧洲、美洲等某一地缘邻近的区域内部，虽然是集中干活，但利益仍由全球各国参与生产的企业共享，在更集约、更安全的基础上推动更深层次的全球化。

第二，“数字技术”与“产业链”逐渐合二为一。我们常说的“数字经济”实际包含了两个层面的内容，一个是数字产业化，另一个是产业数字化。我这里更多的是指后者，即物联网、大数据、超级自动化、人工智能、云计算等21世纪成长起来的新技术与产业链各环节的融合，为产业赋能。疫情更是加速了产业数字化进程。在这个过程中，最显著的一个变化就是经济生产对消费者需求的响应更及时，更精准。“双11”期间，各大主播都在奋力带货。前几天偶然看了下淘宝第一主播薇娅的直播间，在卖一款羽绒服，开卖不到半分钟，现货就抢完了。这时薇娅问了一句：“我们可以帮大家补充一批预售，在12月发货，有没有朋友想要的？”有一批观众立刻在屏幕上回复“要”，于是马上放出预售链接，根据拍下预售链接的观众量向工厂加单。在传统的零售形态里，从仓库到市场再根据市场动态调节库存量需要经历一个非常漫长的过程，如今，有直播加码，传统零售业的数字化转型加速推进，库存和市场需求的供需平衡问题，只需要通过直播间主播的一个提问就能解决。

上述两个“合二为一”尽管还处于初级阶段，但已经是产业链重构过程中不可逆转的趋势，这样的变革，也势必改变全球经济治理的既有体系。一方面，新兴经济体对世界经济增长的贡献和影响力与日俱增，但国际经济秩序仍由西方大国主导，权利与义务不对等。另一方面，国际经济议事规则和决策机制围绕传统国际贸易模式设计，相对拖沓冗长，已无法适应数字经济的兴起和迅猛发展。在这样的背景下，我们不应该再满足于跟随式的被动参与，而是要主动推进全球经济治理体系的改革。一是主动作为展现大国担当。当前，西方大国频“退群”，中国作为全球第二大经济体，有责任为国际社会提供更多公共产品。二是要把握全球产业链重构的机遇，积极引领亚洲产业链集群建设，并在数字经济等优势新兴领域推动国际规则制定，打破发展中国家为世界经济增长做出巨大贡献但在全球经济治理体系中却无话语权的局面。

新经济助力开放型世界经济

薛　澜　清华大学苏世民书院院长

关于新经济与创新发展，党的十九届五中全会决议总论之后的第一章就是以创新为主题，凸显科技创新在中国现代化建设全局性的核心地位。新经济从本质上说就是以互联网、大数据为代表的新兴科技创新与商业模式创新融合带来的全新的经济和发展模式。高水平开放型的世界经济与新经济是孪生兄弟，高水平开放型的世界经济离不开新经济，新经济的发展也需要高水平开放型的世界经济支撑。但新经济发展的关键不仅是科技创新，还需要治理模式的创新，包括对传统治理模式的改革。

一、新经济与开放型世界经济

当今世界，所有的经济体都嵌入全球产业链。产业链的背后既有贸易问题也有创新问题。我们面临的挑战是知识和能力的循环受阻，从而导致开放型经济受到挑战。中国在科技创新领域发展比较快，尤其近年来在高科技产品方面，但这些领域也面临一系列问题。如美国对中国高科技产品出口降速，一直处于负增长，这是一个严峻的问题。

另外，自新冠肺炎疫情暴发以来，新经济迅猛发展。这在中国非常突出，无人机的配送、区块链、大数据、远程医疗等，为中国抗击疫情提供了非常重要的保障。疫情暴发早期大家坐在家里没事干时，微信、抖音提供了非常重要的娱乐和消磨时间的方式。所以，新兴技术和商业模式的应用为抗击疫情带来了重要的保障。

后疫情阶段，数字经济在全球的持续发展，甚至从根本上改变我们的生活和工作方式。斯坦福大学对美国劳动力调查结果表明，超半数员工的远程工作效率可达原有的 80%，甚至不需要再去办公室工作，尤其是高科技公司。所以，这个影响非常深远。另外一点是数字化发展也推动了全球 IT 巨头的不断壮大。

新经济能否承担重任，助力推动开放型世界经济呢？我们有很多利好的因素，一方面，中国政府对新经济发展一直持积极支持态度，中国市场需求也在不断壮大。中国信通院发布《中国数字经济发展白皮书（2020）》报告，2019 年中国数字经济增加值规模已达 35. 8 万亿元，数字经济占 GDP 比重已提升到 36. 2%。从数字经济占 GDP 的比重来看，我国同发达国家相比仍有距离，德国、英国和美国均在 60%左右。另一方面，中国科技创新能力这些年经过改革开放，已经在全球属于第一阵营。新经济在刺激消费升级、赋能传统产业、培育新经济产业土壤、创新内生增长点等方面都发挥了很大的作用。在国际市场发展中新经济，也可以开拓更多的海外高端市场，更高层次地融入全球价值链。

二、完善新经济治理，助力全球开放型经济

新经济的发展也有赖于相关技术领域的治理。新经济治理问题有很多。根据 Questmobile 数据显示，2019 年移动互联网流量池已基本趋于饱和状态，月活跃用户超 11 亿，用户规模同比增速首次跌破 1%。与之相对，用户人均使用时长仍在攀升。新经济发展从一开始完全扩大流量池

到现在已经进一步下沉细分，很多新模式创新、技术应用也面临着管制约束。此时创新发展如何跟政府规制互动，真正实现创新发展和产业治理同步前行？从某种意义上讲，创新是“跨界”，创新一定是原有某种界限的突破，但是，经济要规制，即画框。这两者之间如何权衡，一方面跨界，另一方面要画框，如何权衡新经济之“变”与治理之“规”？这是新经济治理的核心矛盾。

（一）新经济治理的“新问题”

1. 新兴应用的“发展”与“风险”。迅猛发展的新兴技术便捷了生活，依赖在线点餐、教育、会议、医疗等居民可以不出门，即便出行也有一键叫车、自动驾驶、移动支付、智能安防等全方位保障。新兴技术也开始覆盖公共服务供给不足的领域，如为残障人士提供语音点餐服务，金融科技帮助识别各类金融欺诈，甚至在流行病防控和智慧城市方面优化政府效率。然而，这些新技术应用并不能遮蔽其带来潜在风险的可能性。有些居民对新兴技术可能引发的风险非常在意，如何有效规制相关的风险值得讨论。最近有报道称，10 亿张人脸数据被抓取了，我们人脸数据的很多特征是不可改变的。在这种情况下，我们的脸部特征数据被泄露被滥用，潜在的危害不必多说。此外，在对技术公平应用，对社会比较脆弱人群的保护方面也都带来了新问题。

2. 新经济在全球市场面临的“竞争”与“包容”。新经济领域中全球市场的竞争与包容很大程度是在规则上的体现。如何建立技术创新和关键要素应用方面新的竞争规则，涉及数据治理、算法治理、模型治理等系列新兴的问题。原先以 WTO 等组织为代表的规则是基于货物贸易的规则，而 TRIPS 则关乎知识产权。但对于以数据为代表的新要素流动下的新经济产业，企业间、国家间的竞争与合作需要一套新的规则指引，才能避免过度竞争带来的社会福利损失。新经济的技术封锁和规则壁垒已成为大国间博弈的焦点，也将是第四次工业革命产业竞争的关键所在。在全球大市场中，若想新经济创造出更丰富的新产品和新服务，则需要全球数据、场景来为技术创新提供要素，只有包容合作才能充分发挥创新的魅力与新经济的产业优势。但是，目前如果没有一个很好的国际规则，这些做起来都将面临巨大的问题。

3. 新经济延伸至传统经济的“碰撞”与“磨合”。很多新经济业态的浮现和发展是横向的，可直接切换到原先类似的传统领域。在新旧产业的碰撞中，新经济模式寻找到了产业的细分市场，释放了巨大的社会需求。例如，网约车的出现一开始是对出租车的威胁，而现在网约车和出租车互相融合已成常态。当然，新经济的发展也会出现需要与传统行业“磨合”的情况。例如，工业互联网是非常典型的例子，新技术与商用互联网、消费互联网的融合如火如荼，但是新技术在工业领域的应用还不足，如何将新兴技术嫁接于更深层的组织管理、运行流程等问题中，从而实现效率的提升和产业的优化？这些问题需要未来的深入研究。

4. 新经济触碰到经典理论的“突破”与“适用”。很多大的平台企业已经在扮演基础设施供给者的角色，甚至有学界将之认定为准公共基础设施。目前，新经济的良好运转主要依靠建设准公共基础设施的企业以发挥社会责任的方式予以保障，但也带来技术垄断和信息不对称等问题。政府对这样的平台是鼓励其发展（作为公共基础设施）还是规制其扩张（作为自然垄断的企业）？在数据作为资产和技术算法黑箱的情况下，政府对平台资源垄断问题的监管是运用原有经济学理论还是突破原有框架？数据隐私保护随着应用场景和商业模式的变化而变化，具体的隐私信息界定和保护程度设置需要不断思考。例如 iOS14 系统增加用户分享 IDFA 提示，在保护隐私方面有正向效果，但或给相关企业盈利造成很大影响，用户也无法从诸多免费服务中获益，这类问题都将逐步显性化，为理论研究提出新命题。

（二）新经济治理的“新行动”

首先要将新基建+数据作为生产要素，在立法实践上要依靠《数据安全法（草案）》回应数据跨境流动；《民法典》回应个人隐私保护，在包容审慎监管、触发式监管上，注重创新与保护兼顾和规范行业创新方法，可以通过修订《信息安全技术个人信息安全规范》增加“用户画像的使用限制”，通过修改“征得授权同意的例外”等内容，提高个人保护能力。新出台的《个人金融信息保护技术规范》就列示个人金融信息分类，归纳行业最佳实践，从而明确了信息使用方法，给予行业清晰的合规指引。

三、新经济与开放型世界经济

关注新兴技术促进新经济产业端发展的同时，应积极探索引导新兴技术在治理端发挥作用。在新兴技术赋能金融领域时，形成了金融科技和监管科技的双向赋能，意味着新兴技术可以在产业端和监管端都发挥作用。随着以平台为载体的新经济业态汇集的数据和产业信息日渐增多，各新经济业态领域的企业在承受监管之重时可考虑重点发展自主合规能力。通过结合新技术和大数据来创新监管与合规模式，以主动积极的方式缓解政策对新经济业态发展的制约，最终实现治理的双赢。

新经济发展意味着新行动，新格局的形成不能缺席新治理。中国新经济治理在探索中前行，正在培育监管政策快速迭代和反馈的能力。我们不仅要从释放市场需求走向技术创新引领：利用海量市场优势，扩大内循环，凭借技术创新积淀，嫁接国内国外双循环，实现“双循环”新格局发展；还需要从技术输出走向制度参与：以新经济的治理机制创新为契机，参与并贡献全球新经济治理规则。

2

第二编

构建新发展格局

准确把握加快构建新发展格局的战略构想

谢伏瞻　中国社会科学院院长

“十四五”规划提出加快构建以国内大循环为主体、国内国际双循环相互促进的新发展格局，是党中央根据我国发展阶段、环境、条件变化，特别是基于我国比较优势变化，审时度势做出的重大决策。构建新发展格局，是事关全局的系统性、深层次变革，是立足当前、着眼长远的战略谋划。我们要从全局和战略的高度准确把握加快构建新发展格局的战略构想。

一、构建新发展格局，必须坚持扩大内需这个战略基点，加快培育完整内需体系

改革开放前，我国经济以国内循环为主，进出口占国民经济的比重很小。改革开放以来，尤其是加入世贸组织后，在经济全球化深入发展的外部环境下，通过发挥劳动力等要素低成本优势，充分利用国际分工机会参与国际经济大循环，我国形成市场和资源“两头在外”的发展模式，对我国抓住经济全球化机遇快速提升经济实力、改善人民生活发挥了重要作用。

2008 年全球金融危机后，我国积极调整发展方式，把扩大内需作为

保持经济平稳较快发展的基本立足点，推动经济发展向内需主导转变，国内循环的重要性和地位显著上升。2006 年我国进出口贸易依存度为 64.2%，2019 年已降到 31.8%；经常项目顺差同国内生产总值的比率，由最高时的 10%降至现在的 1%左右。2019 年，国内需求对我国国内生产总值增长的贡献率达到 89%，其中最终消费需求的贡献率为 57.8%；当年社会消费品零售总额超过 41 万亿元，增长 8%，高出 GDP 增速 1.9 个百分点。因此，内需特别是最终消费需求已经是我国经济增长的根本支撑。

在全面建成小康社会的基础上，需求升级是大趋势。构建新发展格局，必须把握扩大内需这个战略基点，以满足国内需求为基本立足点，加快培育完整内需体系，把实施扩大内需战略同深化供给侧结构性改革有机结合起来，利用好大国经济超大市场规模，释放巨大而持久的动力，不断增强人民群众获得感、幸福感、安全感。

扩大有效需求的关键点之一是消费。我国有 14 亿人口，其中有 4 亿是中等收入群体，人均国内生产总值已经突破 1 万美元，是全球最大最有潜力的消费市场。从趋势看，我国消费水平和品质还有很大的提升空间，居民消费优化升级同现代科技、生产方式相结合，蕴含着巨大的增长空间。应顺应消费升级趋势，从提升传统消费，培育新型消费，发展服务消费，适当增加公共消费，开拓城乡消费市场等方面发力，进一步增强消费对经济发展的基础性作用。

投资是扩大有效需求的另一个关键点。作为世界上最大的发展中国家，我国在基础设施、民生等领域的投资积累还有不小空间，中美经贸摩擦和新冠肺炎疫情也暴露了我国在科技创新体系和防灾备灾体系等方面存在短板。发挥投资对优化供给结构的关键作用还有可拓展的空间，关键是要优化投资结构、提高投资效益、保持投资合理增强，不搞低水平重复建设，防止出现新的产能过剩。这就要求进一步发挥有效投资对促进城乡区域协调发展、改善民生等方面的支撑作用，鼓励企业加大设备更新和技术改造投资，扩大战略性新兴产业投资，加大一批跨区域协调保障生态安全等重大工程和重大项目建设投资，使投资在促消费、惠民生、调结构、增功能、强后劲、促协调等方面持续发挥效益。

二、构建新发展格局，必须坚持创新驱动发展，加快科技自立自强

“十四五”时期以及未来更长时期，我国经济社会发展比过去任何时候更需要科学技术的解决方案，更需要增强创新这个第一动力。历史多次证明，“核心技术是要不来、买不来、讨不来的”，科技自立自强是我国从大国走向强国的必然要求和关键所在。

构建新发展格局，必须坚定不移地实施科教兴国战略、人才强国战略、创新驱动发展战略，推动科技创新在畅通循环中发挥关键作用，为推动经济高质量发展培育新动能、提升新势能、塑造新优势。这就要求坚持创新在我国现代化建设全局中的核心地位，加快解决制约科技创新发展的关键问题，推动创新成果不断涌现。要强化国家战略科技力量，将加强基础研究、注重原始创新摆在更加突出的位置，强化企业创新主体地位，加强科技创新和技术攻关，打好关键核心技术攻坚战，加快攻克重要领域“卡脖子”技术，提高关键环节、关键领域、关键产品保障能力，推动科技成果转化为现实生产力。

国际科技合作是大趋势。科技自立自强不是搞自我封闭、自我隔绝，越是面临封锁打压，越要实施更加开放包容、互惠共享的国际科技合作战略，更加主动地融入全球创新网络，在开放合作中提升自身科技创新

能力，与各国人民共享人类科技文明进步的成果。

三、构建新发展格局，必须坚持全面深化改革，实行高水平对外开放

40多年的发展实践充分证明，改革开放是我国大踏步赶上时代的重要法宝，是坚持和发展中国特色社会主义的必由之路，是决定当代中国命运的关键一招，也是决定实现“两个一百年”奋斗目标、实现中华民族伟大复兴的关键一招。

构建新发展格局，要坚定不移地深化改革。国内大循环畅通与否，市场体系的完善程度与运行效率至关重要。这就要求更多采用改革的办法，打通制约生产、分配、流通、消费良性循环的阻碍，使各项改革有利于激发整体效应，为构建新发展格局提供强大动力。要加快建设现代流通体系，降低社会交易成本，形成高效规范、公平竞争、充分开放的国内统一大市场，形成高标准的市场化、法治化、国际化营商环境，破除各类妨碍生产要素市场化配置和商品服务跨区域流动的制度、观念和利益羁绊，消除或明或暗的地方保护主义，增强公平竞争审查制度的刚性，以更高效率的国内大循环增强对全球资源要素的吸引力。重点推进能源、铁路、电信、公用事业等行业竞争性环节市场化改革，优化民营经济发展环境，构建金融有效支持实体经济的体制机制，为畅通国内国际大循环提供有力支撑。

新发展格局不是封闭的国内循环，而是开放的国内国际双循环。在能够国际循环的领域要更积极地参与国际循环，更高水平地利用国内国际两个市场、两种资源。这就要求坚持实施更大范围、更宽领域、更深层次对外开放，推动贸易和投资自由化便利化，率先建立更高水平开放

型经济体制，依托我国超大规模市场优势，促进世界经济强劲、平衡、可持续、包容增长。推动共建“一带一路”高质量发展，积极参与全球经济治理体系改革，推动构建人类命运共同体，形成更加紧密稳定的全球经济循环体系，促进各国共享全球化深入发展的机遇和成果。

未来一段时期，我国国内市场主导经济循环的特征会更加明显，经济增长的内需潜力会不断释放。只要顺势而为、精准施策，我们完全有条件构建新发展格局，实现高质量发展，更好地满足人民对美好生活的需要。

海南是我国最大的经济特区，地理位置独特，拥有全国最好的生态环境，同时又是相对独立的地理单元，具有成为全国改革开放试验田的独特优势。海南建省办经济特区以来，在建设中国特色社会主义伟大历史进程中谱写了壮丽篇章，在体制改革、对外开放中发挥了“试验田”“窗口”等重要作用。

进入新时代，党和国家赋予海南改革开放新的重大责任和使命，为海南深化改革开放注入了强大动力。这是海南发展面临新的重大机遇。2020 年 6 月 1 日，党中央、国务院发布《海南自由贸易港建设总体方案》，提出将海南自由贸易港打造成为引领我国新时代对外开放的鲜明旗帜和重要开放门户。我们相信，在我国构建新发展格局的长期战略中，通过找准在新发展格局中的定位，充分发挥高水平开放平台先行先试的功能，海南一定大有可为，也一定会大有作为。

一是在坚持扩大内需中大有可为。在全面建成小康社会的基础上，居民消费从商品消费向服务消费转变提升是客观规律。2019 年，我国人均服务消费支出接近 1 万元，占居民人均消费支出的比重为 45.9%。当前，我国健康、养老、育幼、文旅、体育等服务供给的规模和质量还不高，标准化、品牌化建设不足，一些服务消费需求潜力尚未充分激发出来。海南在自由贸易港建设中，围绕国际旅游消费中心建设，推动旅游与文化体育、健康医疗、养老养生等深度融合，具有广阔的发展空间。

二是在有序扩大服务业高水平开放中大有可为。与制造业相比，我国服务业对外开放相对滞后，整体竞争力不强。2019 年，我国货物贸易顺差超过 5000 亿美元，而服务贸易逆差为 2592 亿美元。有序推动服务业对外开放，是我国实行高水平对外开放，推动贸易和投资自由化、便利化的重要领域。这就要求探索服务业扩大开放的经验，着力解决制约服务业高水平开放的体制机制障碍。海南在推动港口、产业、城市融合发展，扩大专业服务业对外开放，构建具有国际竞争力的海洋服务体系等方面，探索可复制可推广的服务贸易自由化便利化经验做法，对于提升我国服务业质量和国际竞争力具有重要意义。

三是在建设国际一流人才高地中大有可为。人才是第一资源，构建新发展格局要求培养造就一批具有国际水平的战略科技人才、科技领军人才、创新团队，面向世界会聚一流人才，吸引海外高端人才，为海外科学家在华工作提供具有国际竞争力和吸引力的环境条件，激发人才创新活力，使他们人尽其才、才尽其用。根据国家战略需要，海南发挥自由贸易港先行先试的制度优势和独特的生态优势，针对高端产业人才实行更加开放的人才和停居留政策，对外籍高层次人才提供出入境便利，建立健全人才服务管理制度，率先打造国际一流人才集聚高地，完全有条件以高端人才流动助力国内国际经济双循环。

中国现代化新征程的发展大逻辑

周树春 中国日报社社长兼总编辑

党的十九届五中全会明确提出，要加快构建以国内大循环为主体、国内国际双循环相互促进的新发展格局，并做出重大工作部署。“十四五”时期我国将进入新发展阶段，这是全面建成小康社会、实现“第一个百年”奋斗目标之后，乘势而上开启全面建设社会主义现代化国家的新征程，国内外环境的深刻变化也面临着一系列新机遇、新挑战。加快形成新发展格局，是以习近平同志为核心的党中央根据我国发展阶段、环境、条件变化，审时度势做出的重大决策。构建新发展格局既是事关全局的系统性、深层次变革，也是立足当前、着眼长远的战略谋划。

一、如何理解中国现代化建设新征程的发展逻辑

1. 进入新发展阶段的历史逻辑。“进入新发展阶段”是以习近平同志为核心的党中央关于我国发展的一个重大战略判断，体现了我们党牢牢掌握当代中国发展进步历史主动性的高度自觉，意味着我国迈入全面建设社会主义现代化国家的新阶段。

2. 贯彻新发展理念的理论逻辑。新发展理念引领着实现更高质量、更有效率、更加公平、更可持续、更为安全发展的前进道路，是全面建

设社会主义现代化国家的理论指南，标志着今后一个时期中国发展的大方向和总目标。

3. 构建新发展格局的实践逻辑。新发展格局是在新的历史条件下重塑中国经济发展新优势的整体性重大战略部署，指明了中国在一个更加不稳定不确定的世界谋求发展、实现发展的战略方向，也必然带来事关中国经济社会发展全局的系统性深层次变革。

（一）历史逻辑：进入新发展阶段

1. “两个大局”下的“重要战略机遇期”。当前，我国发展处于中华民族伟大复兴关键期，世界正经历百年未有之大变局。讲好中国现代化建设新征程故事，我们要把胸怀民族复兴战略全局和世界百年变局作为谋划工作的基本出发点。

一方面，随着“十三五”规划目标任务完成，全面建成小康社会取得胜利，中华民族伟大复兴向前迈出新的一步，社会主义中国以更加雄伟的身姿屹立于世界东方，前所未有地走近世界舞台中央，前所未有地接近民族复兴伟大目标，前所未有地具有实现这个目标的能力和信心。

另一方面，我国改革发展处在“船到中流浪更急、人到半山路更陡”的重要关头，是一个“愈进愈难、愈进愈险而又不进则退、非进不可”的关键时刻。特别是世界进入动荡变革期，新冠肺炎疫情全球大流行加剧世界格局演变，不稳定不确定因素增多增强，外部环境更加复杂严峻。当前和今后一个时期，我国发展仍处于重要战略机遇期，但机遇和挑战都有新的发展变化，必将面对更多“逆风逆水”，必须做好长期应对风险挑战的准备。

2. “两个一百年”的历史交汇点。全面建成小康社会、实现第一个百年奋斗目标胜利，开启全面建设社会主义现代化国家新征程、向着第二个百年奋斗目标进军。回首过往，从改革开放之初党中央提出“小康社会”战略构想，到进入21世纪后进一步提出“全面建成惠及十几亿人口的更高水平的小康社会”，特别是“十三五”时期决胜全面小康、决战脱贫攻坚，经过几代人的接续奋斗，全面建成小康社会的宏伟目标将如期实现。这标志着中国将为千百年来困扰中华民族的绝对贫困问题历史性地画上句号。

展望未来，“十四五”时期中国经济社会发展将“以满足人民日益增长的美好生活需要为根本目的”，到2035年基本实现社会主义现代化，国家经济实力、科技实力、综合国力大幅跃升，经济总量和城乡居民人均收入迈上新的大台阶，人民生活更加美好，人的全面发展、全体人民共同富裕取得更为明显的实质性进展。可以预见，未来5年到15年将是中华民族从“小康社会”向“美好社会”实现新的跨越的重要历史阶段。

3. “两大奇迹”的新篇章。新中国成立特别是改革开放以来，中国实现“经济快速发展”“社会长期稳定”，几十年走过发达国家几百年的发展历程，不仅创造了世界近现代历史上绝无仅有的发展奇迹，也造就了对国家未来发展具有长远和根本意义的独特政治优势、制度优势、发展优势和机遇优势。开启新征程，中国有信心、有底气、有能力谱写“两大奇迹”的新篇章。

首先，中国今天的发展基础比以往任何时候都更加坚实。不仅经济科技实力和综合国力跃上了大台阶，国内生产总值突破100万亿元人民币，人均GDP达到1万美元，占全球经济比重提升到16%以上，世界经济增长贡献率持续超过30%，而且形成了全球最完整、规模最大的工业体系，有着1亿市场主体、1.7亿各类人才和世界最大的中等收入群体。

同时，中国经济潜力足、活力强、韧性大、回旋空间大，区域差异化程度高，国内市场梯度明显，居民恩格尔系数下降到30%以下，消费结构从“生存型”向“享受型”转变，持续增长有后劲。特别是2020年以来防控全球流行的新冠肺炎疫情取得重大战略成果，中国经济社会恢复走在全球前列，也是唯一保持正增长的主要经济体，不仅为世界抗击疫情冲击做出重要贡献，也为提升中国经济国际竞争力奠定了新的地位。

虽然在未来一段时间要“开顶风船”“走上坡路”，但中国发展比以往任何时候都具有更强大的经济实力、创新活力和抗风险能力，完全有条件在现代化新征程中创造“高质量发展”新奇迹和“长治久安”新奇迹。

（二）理论逻辑：贯彻新发展理念

新发展理念引领着实现更高质量、更有效率、更加公平、更可持续、更为安全发展的前进道路，是全面建设社会主义现代化国家的理论指南，标志着今后一个时期中国发展的大方向和总目标。

1. 实现“以人民为中心”的“共享发展”。“为什么发展”“为什么人发展”，是发展的根本问题。把“促进全体人民共同富裕”摆上国家经济社会发展议程更加重要的位置，是党的五中全会精神和规划《建议》安排的一个重要特征。正如习近平总书记在《建议》说明中指出的，“共同富裕是社会主义的本质要求，是人民群众的共同期盼。我们推动经济社会发展，归根结底是要实现全体人民共同富裕”。新中国成立特别是改革开放、党的十八大以来，中国共产党带领人民向着“共同富裕”的目标不懈努力，人民生活水平不断提高。

同时，我国发展不平衡不充分问题仍然突出，城乡区域发展和收入分配差距较大。《建议》在2035年远景目标中明确提出“全体人民共同富裕取得更为明显的实质性进展”，强调“扎实推动共同富裕”，这在党的全会文件中是第一次。把“人民”二字更加鲜明地写在中国的发展旗帜上，更加重视促进人的全面发展和社会全面进步，预示着中国实现“共享发展”的道路必将实现新的历史性进展。这既符合经济社会发展的客观规律和现实要求，更体现了中国特色社会主义发展的目标方向和价值定向。

2. 实现“人与自然和谐共生”的“绿色发展”。规划《建议》把“生态文明建设实现新进步”作为“十四五”时期经济社会发展的一项主要目标，把“推动绿色发展，促进人与自然和谐共生”作为经济社会发展和改革开放一项重点任务。这体现了中国坚持“可持续发展战略”、高举“可持续发展旗帜”的发展姿态和发展形象，也标志着中国在经济社会发展中践行习近平生态文明思想将在全面建设社会主义现代化国家新征程中达到一个新的高度。

习近平总书记在一系列重要论述中强调，社会主义现代化是人与自然和谐共生的现代化；加强生态文明建设，不仅是为了解决中国当下面临的生态环境问题，也关系中华民族永续发展。《建议》提出，坚持绿水青山就是金山银山理念，构建生态文明体系，促进经济社会发展全面绿色转型，包括加快推动绿色低碳发展、持续改善环境质量、提升生态系统质量和稳定性、全面提高资源利用效率。

根据规划《建议》，中国将制定2030年前碳排放“达峰行动方案”。可以预见，作为14亿人口的发展中大国，中国将继续走在世界可持续发展的前沿，中国走生态文明之路实现现代化对世界的影响和贡献将是空前巨大的。

3. 实现“创新驱动”的高质量发展。“创新发展”在“十四五”时期和今后更长一段时间，对中国推进现代化建设具有特殊而紧迫的战略意义。规划《建议》坚持“创新在我国现代化建设全局中的核心地位”，“把科技自立自强作为国家发展的战略支撑”，健全社会主义市场经济条件下的新型举国体制。这既是践行新发展理念的必然要求，体现了科学技术是第一生产力的历史唯物主义立场，也反映出对现阶段中国发展的现实考量和科学判断。

从国家经济社会发展本身来看，“要素驱动”经济增长的“外延型”增长模式走到了尽头，必须转向“创新驱动”的“内涵型”增长。作为世界第二大经济体，“动力”问题至关重要。把创新作为引领发展的第一动力，既是世界现代化建设的普遍规律，也是我国发展特别是改革开放伟大实践的现实结论。正如习近平总书记指出的，抓住了创新，就抓住了牵动经济社会发展全局的“牛鼻子”。进一步实施创新驱动，是走向高质量发展的必然选择。

从中国发展的外部环境看，新一轮科技革命和产业变革深入发展，而在世界百年变局加速深化的背景下，经济全球化遭遇逆流，保护主义、单边主义上升，特别是美国政府当局等政治势力逆世界发展大势而动，推行“经济霸凌”主义，试图推动“科技脱钩”“产业脱钩”和更大范围的“全面脱钩”。中国必须把坚持“创新驱动发展”作为“办好自己的事”的重要内容，把做实做强做优实体经济作为主攻方向，推动科技能力建设上台阶，将此作为中国经济从“量大”转向“质强”的必由之路，作为抵御风险挑战、维护国家发展安全、提高国际竞争力的有力保障。

（三）实践逻辑：构建新发展格局

贯彻新发展理念必须构建新发展格局，“要以畅通国民经济循环为主构建新发展格局”，构建“以国内大循环为主体、国内国际双循环相互促进的新发展格局”。这是针对我国发展阶段性变化特别是发展环境条件深刻变化而提出的重大战略思想，是立足当前着眼长远的重大战略决策，是在新的历史条件下重塑中国经济发展新优势的整体性重大战略部署，指明了中国在一个更加不稳定不确定的世界谋求发展、实现发展的战略方向，也必然带来事关中国经济社会发展全局的系统性深层次变革：

1. 顺应发展规律发展要求的新格局。“构建新发展格局”不啻为中国的“大国经济宣言”。首先，强大的国内循环是大国经济的共同特征，强化国内循环也是大国经济“由大到强”的普遍规律。只有坚持“以国内大循环为主体”，才能进一步增强经济发展的韧性，进而带动国际经济循环，促进国内国际双循环。其次，作为世界第二大经济体，必然要求国内供给、国内需求进一步形成对经济循环的强大支撑。

特别是当前国际贸易保护主义抬头，世界经济遭遇新冠肺炎疫情严重冲击，传统国际循环明显弱化，“把发展立足点放在国内，更多依靠国内市场实现经济发展”，抓住扩大内需这个战略基点，更是在全球发展酝酿新变局的时代背景下保持发展、促进发展、实现新发展的历史必然。同时，经过40多年改革开放，特别是近年来贯彻新发展理念取得重要成果，构建这样的发展格局具备了前所未有的基础和条件。自21世纪第一个十年应对国际金融危机以来，中国经济“再平衡”不断取得进展，外贸依存度持续下降。

党的十八大以来，始终强调发挥“消费的基础作用”和“投资的关键作用”，近年来，国内需求对经济增长贡献率保持在90%以上，有的年份超过100%，消费成为经济增长的主要引擎，国内大循环的动能显著增强，可以确信：一方面坚持供给侧结构性改革的战略方向，提升供给体系对国内需求的适配性，立足超大规模市场优势，不断让国内市场成为最终需求的主要来源；另一方面以国内大循环吸引全球资源要素，更充分利用国内国际两个市场两种资源，内外循环双轮驱动，中国经济必将形成需求牵引供给、供给创造需求的更高水平的动态平衡，建设现代流通体系的战略任务必将取得新进展，协同推进“强大国内市场”和“贸易强国”建设必将走向新境界。

2. 坚持改革发展开放发展的新格局。以“高质量发展”为主题的“十四五”时期和全面建设社会主义现代化国家的整个历史进程，必然以改革创新、开放创新为根本动力和重要动力。改革，是解放和发展社会主义生产力的关键。实现高质量发展，必须以更具勇气和实效的改革举措破除制约生产力发展的深层次体制机制障碍，以全面深化改革激发发展新活力，以供给侧结构性改革为主线推动质量变革、效率变革、动力变革，让一切有利于社会生产力发展的力量充分涌流，让发展成果更好地惠及全体人民。

开放，是国家繁荣发展进步的必由之路，在世界发展格局加速演变的时代背景下，更是中国在新一轮全球经济博弈中赢得战略主动的强大竞争优势，“以开放促改革促发展”这一中国改革开放和现代化建设的重要法宝必将进一步发扬光大。新发展格局不是封闭的国内循环，而是开放的国内国际双循环。

一个坚定不移深化改革、扩大开放，体现负责任大国时代担当的中国，必将为历史转折期的世界发展做出新的历史性贡献。

新发展阶段构建新发展格局的战略抉择

张占斌　中央党校（国家行政学院）马克思主义学院院长

党的十九届五中全会强调构建新发展格局，形成强大国内市场，畅通国内大循环，促进国内国际双循环。这是面对中华民族伟大复兴的战略全局和世界百年未有之大变局的主动作为，是适应我国经济社会发展阶段、环境、条件变化做出的重大决策，是贯彻落实新发展理念提升我国经济发展水平的全局部署，是重塑我国国际经济合作和竞争新优势的战略抉择，是开启第二个百年奋斗目标的系统性的战略棋局，它构成了“十四五”规划的重要内容和突出特色，为展望2035年更长远的发展提供方向性引领。

一、新发展阶段构建新发展格局的战略价值

新发展阶段正向我们走来，贯彻落实新发展理念，加快构建新发展格局，努力在危机中育先机、于变局中开新局，不是权宜之计，是战略谋划，具有重大的时代价值和战略意义。

加快构建新发展格局是我国更高质量发展的需要。不断增强我国经济创新力和竞争力，推动经济从高速增长转向高质量发展，从“有没有”“有多少”向“好不好”“优不优”转变，是我国经济发展的战略

目标和指导原则。在全球化背景下，任何国家或经济体的经济循环都会受到国际国内双重因素的影响：如果过于依赖外需，整个经济体系就缺乏稳定性和安全性；如果单纯依靠内需，整个经济体系也会缺乏活力且多样性得不到保证。从历史经验和国际比较而言，我国作为大型经济体的优势就是内部可循环，应以内循环为主并积极参与国际大循环。构建新发展格局，才能转变发展方式、优化经济结构、转换增长动力，建设现代化经济体系，真正实现经济体系血脉畅通的健康大循环。

加快构建新发展格局是我国更有效率发展的需要。我国在经济上要创造比资本主义更高的生产力，就需要实现更有效率的发展。我们有党的领导和全国一盘棋、能够集中力量办大事的优势，创造出了“深圳速度、深圳效率”，有实现更有效率发展的自信。要通过构建新发展格局，建设更高水平的社会主义市场经济体制，深化产权制度和要素市场化改革，实现产权有效激励、要素自由流动、价格反应灵活、公平竞争有序、企业优胜劣汰。打通、联通国民经济的血脉，解决堵点痛点，补齐经济循环过程中存在的弱项短板，畅通生产、流通、消费、分配等环节，提高全社会的资源配置效率和经济循环效率。

加快构建新发展格局是我国更加公平发展的需要。解决我国人民日益增长的美好生活需要与不平衡不充分的发展之间的矛盾，让人民分享共享发展的成果，是我们新时代的主旋律。构建新发展格局，需要打造完整的内需体系，既涉及许多经济政策，还涉及许多社会政策，涉及公平公正的发展问题，涉及就业、教育、文化、体育、社保、医疗、住房等公共服务体系，需要更大程度地缩小收入差距，培育中等收入群体，解决绝对贫困人口。国际经验和专家研究表明，这些工作做得好，有助于社会的长期稳定和经济健康发展。

加快构建新发展格局是我国更可持续发展的需要。改革开放以来，我国积极参与全球价值链分工，以要素低成本、出口导向型战略实现了经济的高速增长。这种大进大出、两头在外的发展方式，功不可没。但久之带来了投资、消费、出口的结构性失衡，难以为继。近年来，全球化遭遇逆流，我国发展的外部环境发生重大变化。我国人均 GDP 已达 1 万美元，自身廉价要素的竞争优势大为减弱。而核心技术缺失、产业处于中低端、国内市场需求不足等问题日益突出，对可持续发展提出迫切要求。新发展格局更强调充分发挥我国超大规模市场优势和内需潜力，利用国内国际两个市场、两种资源，更强调消费和内需对经济的拉动作用，快速提升产业基础能力和产业链现代化水平。如此，我国长期经济发展更为均衡，也更具有可持续性。

加快构建新发展格局是我国更加安全发展的需要。新冠肺炎疫情给全球经济造成严重冲击，也给我国经济安全带来严峻挑战。无论是短期内的客观“隔离”现象、“孤岛”行为和“逆全球化”思潮，还是长期内各国试图发展独立产业体系的可能性，使全球供应链出现了本地化、区域化、分散化的趋势。在全球化重构的时代，对我国产业链供应链安全带来挑战。我们统筹发展与安全，就要在战略和政策上进行调整，要做好较长时间应对外部和内部环境变化的准备，畅通国民经济良性循环体系，维护经济发展的基本盘，创造有利于新技术快速大规模应用和迭代升级的独特优势，提升我国产业链、供应链稳定性和国际竞争力，筑牢国家产业和经济安全防线，增强中国经济的抗风险能力。

加快构建新发展格局是我国更加开放发展的需要。当前国内国际社会对经济全球化前景有不少担忧，越是这样我们越要站在历史正确的一边。国际经济联通、交往和合作是世界经济发展的客观要求，我国经济持续快速发展的一个重要动力就是对外开放。构建新发展格局绝不是自娱自乐、闭关锁国、闭门造车，也不是各自为政、“诸侯割据”，每个省市都要单独搞“双循环”，要破除这种错误认识。全面提高对外开放水平，推动国际大循环，加强同世界经济的联系。伴随着我国在世界经济中的地位持续上升，为其他国家提供的市场机会将更加广阔，成为吸引国际商品和要素资源的巨大引力场。要推动国际大循环，加强同世界经济的联系，就要建设更高水平开放型经济新体制，对冲各种国际风险和压力，重塑国际合作和竞争新优势。

二、加快构建完整内需体系 形成国内超大规模市场优势

加快构建完整内需体系，要用好发挥好改革关键一招的作用，重点是把扩大内需战略与深化供给侧结构性改革有机结合起来，以创新驱动、高质量供给引领和创造新需求，增强应对国际激烈博弈的底气，形成“中国制造+中国消费”的超大规模市场优势，完成需求牵引供给、供给创造需求的更高水平的动态平衡。

一是夯实国内循环体系的体制基础，相应的制度建设和改革措施必须先行。构建新发展格局，需要坚持问题导向、回应社会关切，不断在关键性基础性改革上实现突破，重点是完善产权制度和要素市场化配置。坚持和完善“两个毫不动摇”，保护市场主体和公民财产权。促进要素自主有序流动，提高要素配置效率。深化国有企业改革创新，加大混合所有制经济发展力度。营造支持非公有制经济高质量发展的制度环境，鼓励民营企业参与实施重大国际战略。加快金融体制和资本市场改革，增强服务实体经济和现代化经济体系的能力。加快农村土地制度改革，促进城乡双向流动机制建设。在更高起点、更高层次、更高目标上推进经济体制改革及其他各方面体制改革，构建更高水平社会主义市场经济体制，赢得比资本主义更能解放、发展和保护生产力的制度优势。

二是畅通国内循环体系的血脉，着力打通生产、分配、流通、消费各个环节。在生产环节，要通过科技创新和科技自立自强，重点解决技术“卡脖子”的问题，抢占技术的制高点，建设制造强国、质量强国，提升产业链供应链现代化水平，提高产业和产品的竞争力。解决房地产和金融业占据金融资源过多以及脱实向虚的问题，畅通实体经济融资渠道，把发展经济的着力点放在实体经济上，建设现代化经济体系；在分配领域，重点是优化收入分配结构和分配制度，调节过高收入，培育更多的中等收入群体，建立扶贫脱贫的长效机制，增加居民部门收入在国民收入分配中的比重；在流通领域，重点是建设现代化流通体系，降低公路运输成本并提高铁路、水路运输比例，打通港口、铁路、公路基础设施连接短板和关卡，去除不能过的杆、不好办的证、不让走的路，降低整体物流运输成本，建设交通强国；在消费环节，重点是扩大消费需求，完善消费政策，促进消费升级和释放消费潜力，创造更多的名牌产品和特色服务，吸引境外消费回归。

三是优化国内循环体系的空间布局，实现各类要素在国内各区域间的自由流动。优化国土空间布局，打通“区块”“省域”和“城市”“城乡”等不同区域空间尺度之间的经济循环，加快建立和完善统一开放竞争有序的全国市场体系，消除市场壁垒，激发全社会创造力和市场活力。持续推进西部大开发、东北振兴、中部崛起、东部率先发展；以京津冀、长三角、粤港澳大湾区等开放高地、发展高地为重点，布局战略性新兴产业和未来产业，在中西部地区打造新的增长极和增长点，加快成渝地区、长株潭地区、东北地区等城市群发展，优化区域空间格局，畅通区域之间生产要素配置循环，加强区域、城乡等不同级次产业链接融合，推进以人为核心的新型城镇化建设，保证国内大循环畅通。

四是筑牢国内循环体系的产业根基，实施产业基础再造和产业链提升工程。平衡好制造业产业链外迁和向中西部地区转移的关系，科学部署重大生产力布局和产业项目。在巩固传统产业链优势的基础上，提前布局战略性新兴产业、新基建，推进5G、大数据、互联网、人工智能、区块链等新技术与重大基础设施的深度融合，提升产业系统化、智能化创新能力。高度重视创新在我国现代化建设全局中的核心地位，强化科技自立自强，注重数字经济产业化的叠加效应、乘数效应，加快数字化发展，发挥好市场经济条件下新型举国体制的作用。发挥企业在筑牢产业根基中的主体作用，加大对重要链条和关键环节的研发力度，补齐关键核心技术和关键零部件短板，努力实现一些“颠覆性”创新。着力培育一批“专精特新”企业和“单项冠军”企业，构建大中小企业融通发展的新型产业合作体系，培育一批具有国际竞争力的先进制造业集群。

三、加快构建国外循环体系 提升国际循环的稳定性和竞争力

我国开放的大门不会关闭，只会越开越大。要以更大的决心和努力加快构建国外循环体系，提升国际循环的控制力和稳定性。

一是积极参与全球经济治理体系改革。面对国际上保守主义盛行和逆全球化思潮，要推动经济全球化朝着开放、包容、普惠、平衡、共赢的方向发展，推动建设开放型世界经济，引导促进全球化朝着正确的方向发展，引领国际规则体系向更公平合理的治理体系转变，拓展国际循环发展空间。按照互利共赢、公平竞争的原则对接世界经济循环体系，坚持独立自主和对外开放的统一。立足国内经济循环，办好自己的事情，积极参与全球经济治理，有利于双循环互动。实践证明，国家没有独立自主的发展，处处依赖某些国家，对外开放也是搞不好的。

二是打造更具国际竞争力的营商环境。推动由商品和要素流动型开

放向规则、规制、管理、标准等制度型开放转变，进一步推进简政放权改革和负面清单制度，吸引国际资源来华投资发展。稳步降低关税水平，适度增加进口。以世界银行营商环境评价报告为契机，把深圳、北京、上海、浙江等地有利于改善营商环境的改革做法在更大范围内推广，并逐渐以制度形式把改革成果确定下来。

三是以制度创新构建对外开放新格局。坚持互利共赢的开放战略，以“一带一路”为重点，依托开发区、自贸区、自贸港，促进商品、资金、技术、人员更大范围流通，加快形成陆海内外联动、东西双向互济的开放格局。推动建立国际宏观经济政策协调机制，完善涉外经贸法律和规制体系，防范化解国际金融风险、产业风险和法律风险。组织力量研判“一带一路”沿线国家的投资风险和潜力，掌握好“度”和“火候”。认真评估我国在海外的经济布局，确保我国海外利益和经济安全，寻求中国利益与全球利益的最大交集。

四是加快推动区域经济合作新突破。此次疫情展现出亚洲国家有其独到的优势、制度和文化。同时，多数亚洲国家都坚持全球化、坚持多边主义，对贸易采取开放的、合作的和多边主义的态度。以抗疫互动合作为契机，以产业链调整为抓手，以加强同东北亚、东南亚的区域合作及推进中日韩经济循环、RCEP 作为区域经济一体化的重点。此外，欧盟国家等与我国有较长时间经贸合作，要加强中欧、中英双边投资协定谈判，有针对性地巩固双边关系。

四、加快形成新发展格局　推进国内国际双循环相互促进

新发展格局是在大力度改革、高水平开放下形成的，不是国内国际各自独转、互不认账、井水不犯河水，而是相互配合、互相促进。

一是强化国内外产业链的关联和互动。受疫情和逆全球化思潮影响，原有全球开放型供应链可能转变成区域性、半封闭供应链模式，主要经济体强调供应链安全，通过构建更有弹性的供应链摆脱对他国供给的过度依赖，对中国而言挑战更为严峻。我们要主动适应全球化变局，积极调整国内外产业链布局，形成以国内产业链为基础、努力向国外中高端产业链延伸、以内为主、内外兼顾的国内国外产业链新布局。抓住亚洲在此次疫情中恢复较快的契机，利用中国和东亚、东盟、南亚等国在技术链和产业链方面较强的关联度，打造以中国为中心的亚洲垂直供应产业链。

二是防止两个循环生态体系的脱钩。坚持进口与出口并重、利用外资和对外投资协调，增强国际国内两个市场两种资源的黏合度，采取一切措施坚决防止两个循环生态体系的脱钩。在当前的复工复产过程中，需注重恢复国际供应链，形成外向型企业可持续发展的国内国际产业链畅通的优化布局。同时，也要帮助一些外贸企业克服困难，支持出口产品转内销，积极拉动国内消费回升、扩大有效投资、引导外向型企业建立基于国内循环的产业链，促进国内外市场有效贯通。

三是推动关键领域的进口替代。在双循环中，进口替代直接关系着产业基础再造、产业链提升。应充分发挥举国体制的制度优势，加强集体攻关，强化创新能力和保障能力，逐步实现在关键环节、关键领域、关键产品逐步实现进口替代。这次中美经贸摩擦，美国“帮”我们精准找到了“卡脖子”的技术和产品，可以对照拉出清单、列出计划、重点攻关，突围产业链供应链中存在的“技术孤岛”，解决核心的关键环节，不忽视任何一个细微的环节，建设一个自主可控、安全可靠的现代产业体系，打造一个开放、稳定、安全的“链条”。

四是打通国内国外循环的痛点和堵点。畅通国内国际循环，不只是畅通人流、物流、要素流，更要促进国内国外市场规则和标准的有机相容。坚持扩大高水平开放和深化市场化改革互促共进，增强国内循环与国际循环的韧性和柔性，从制度上、技术上、规则上打通国内循环与国际循环相互融合、相互促进的痛点和堵点，畅通国内国际微循环。发挥我国已经在部分高端制造业领域形成的先发优势，拉动相关产品的输出，实现5G、高铁等相关制造业的国内外循环融合，带动中国投资、中国标准输出。

中国“双循环”与高水平开放进程

布莱尔　全球化智库副主任

中国在经济领域创造了很多新的词汇，如“双循环”，包括这次会议提到的高水平开放等话题。

首先，关于“双循环”国际上有很多争论，其中包括美国的政治压力会给中国带来一些影响。“双循环”不仅是强调国内循环，同时它是国内经济发展的本质性要求，因为中国在过去 40 多年快速发展，特别是在过去 20 多年各方面已得到快速发展，年均 GDP 增长 11%，包括居民收入也实现了快速增长。中国有一个非常巨大的市场，在这样一个新市场当中，不仅要重视出口，同时也要重视进口。在 GDP 快速增长的前提下，中国将持续扩大开放，实现持续繁荣，中国是一个巨大的国际市场。

有些人可能会认为：我们确实对出口不感兴趣，因为我们已经看到中国国内有非常强大的消费市场，我们可以持续地增长。但是中国的发展是一个自然而然的发展，并且在很多阶段都看到了许多顶尖技术引领着世界的发展。在中国的改革体系中还有很多的创新发展，随着科技进步，中国已逐步成为世界上的科技引领者。在这样的科技循环中，许多人会认为这是中国的一种政治运动，我不赞同这种看法。

关于中国经济，我们如何持续地改革开放和紧密合作是一个非常重要的问题。美国一位经济学家说，每个经济体的增长都处于非常强大的环境中，我们经历了一段时间的停滞之后会继续增长。而中国目前的改革已经取得了举世瞩目的成就，不仅使我们看到了一些新的发展，同时我们也看到了在经济改革中中国政府已经在过去 40 多年中不断进步。追溯过去所有的改革进程，我们可以看到改革开放从持续的市场化改革到如今的“双循环”，这些都是自然而然的进程。还有其他促使中国采取“双循环”战略的国际原因。

过去 40 多年来，美国在军事扩张当中持续增加军费，而美国的居民收入并没有得到快速提升。所以，你可以看到美国也会关注中国市场，并且看上了中国这个巨大的市场。

中国在 2000 年有非常巨大的贸易顺差，当前可能是 3%左右的贸易顺差。贸易顺差在过去的几年中都是显而易见的，但这并不是一种可持续的战略。我们现在会把一些资金借贷给其他一些国家，然后让其他国家支付得起当前的一些物品，过几年后它们再支付中国的债券。现在它们也开始进行消费了，可以看到未来消费的潜力会持续增长，也可以看到利率的增长，但这其实不是一种可持续的发展，包括像把钱借贷给其他国家的德国，其贸易顺差占到 9%。

中国重视“双循环”有两个方面的原因：一方面，有人认为是因为中国要稳定 GDP 增速和在华投资。我们很关注中国的投资和改革开放，很多公司特别是外国公司会抱怨市场当中存在一些问题，而且是营商环境中出现的诸多问题。另一方面，“十四五”规划已经强调不以 GDP 为主要的考量，并且把消除贫困和绿色发展放在新发展理念中的重要位置。同时，现在的中国经济也能够适应其他的国际环境。

实施“双循环”战略需要改革宏观配置资源体系

张　平　国家金融与发展实验室主任

一、中国经济正全面复苏和面临新挑战

这次全球新冠肺炎疫情，中国恢复得全球一枝独秀，率先走入正增长，消费的贡献在明显回升，经济内生动能增强。投资仍然是推动经济增速回升的主要动能，但消费对于 GDP 的贡献在持续扩大。展望后续，经济动能将逐渐从政策引导的房地产和基建，切换到消费回暖及制造业修复中。

但从整体看，中国现在的恢复依然依赖于投资与出口。作为“双循环”战略，中国已经充分意识到这次疫情冲击有一些重要的特征已经发生，其中之一是全球经济收缩问题。国际货币基金组织（IMF）并不看好 2020 年的世界经济。事实也证明，全球贸易不断下台阶，全球供应链加快调整，而且全球在疫情冲击下产业链再调整和国际整个再平衡都是不可避免的。中国尽管恢复得很快，但是中国也已经走在了必须进行“双循环”的道路上。

二、“双循环”战略实施需要宏观体制配套

其实，中国走在“双循环”路上已经很多年了。从1990年到2019年，中国外贸依存度变化较大，在1998年应对亚洲金融危机期间，外贸依存度一度降至23.2%；随着2001年中国加入WTO，外贸依存度快速攀升至2006年的峰值64.5%；近年来，受逆全球化的影响又下降至35.7%，特别需要指出的是，由于加入了服务贸易，这个数字有别于一般谈论的30%的货物贸易依存度。从国际比较来看，美国和日本的外贸依存度相对较低，在2019年分别为26.4%和35.5%，而英法德等国外贸依存度则相当高，2019年平均为73.1%，而且英法德日等国在2007年以后并未出现类似中国那样的外贸依存度快速下降，相反不断稳定上升。

进一步透过资金国际收支表可以看到，中国2007年的贸易盈余占GDP的比重已经达到了顶峰，现在下降得很低，外商投资原来在4%~5%，现在也已经降下来了。从国际收支来看，2007年中国的贸易盈余达到顶峰，中国的要素收入现在还上不来，所以现在中国走的路就是出口导向型，工业化现在还在发展，但是外需对中国的带动已经削弱，中国已经走在了“双循环”路上。

最重要的是，这些数据只说明中国从2007年走到顶峰，国际大循环这条路还在走，但是形势已经不尽如人意，中国不变也得变，不光历史上已经变了，而且这次疫情冲击使我们更得变。

但是为什么我们变之不易，这就是今天的主题，体制改革上的压力。任何一个国家走向一个战略不是简简单单地想走就走，而是与之匹配的资源激励体制要与之高度匹配。1988年提出大循环理论，想走出口导

向，实际上不容易。到了 1994 年做了全面的宏观资源配置体制改革，才完成了基于出口导向工业化的“国际大循环”战略转型。包括汇率并轨，货币发行依赖于外汇资产，从 5.8 并到 8.7，稳定了币值；包括财政，基本上所有的财政收入都做了改革，我们所有的税收最核心的是要跟工业部门连在一起叫“工业增值税”，现在服务业占优，财税体制也需要改革。货币要稳定汇率，走的是抛弃国家信用发行货币模式而走向以外汇资产占款为货币发行的新特征，但当外汇资产下降后，也要进行货币供给体系的改革了。再看贸易政策和产业政策，也是全面与出口导向高度相关，比如说开发了对外开放一系列贸易试验区，包括深圳。贸易政策里出口退税等有一系列的自由化，各个地方政府在这一套激励下开始推进招商引资。所以，中国在国际大循环的提出到全面实施，整个产业逻辑需要配套一组宏观激励的导向，而不是简简单单地说想搞大循环就能搞的。中国出口导向工业化战略是一套资源配置体系转型下的产物，而不仅仅是一个简单的战略性转变。当前发展阶段，很多条件变了，需要新的战略和新的宏观要素配置体制的转型了。

三、以宏观配置资源体系改革推动双循环

现在需要走的是双循环战略，这跟大循环战略一样需要一整套宏观配置的改革。过去为了得到比较优势，压低劳动者收入，这种分配模式怎么能够提高消费呢？所以它需要一整套的要素改革。

IMF 为中国宏观管理框架改革列出了 11 项阶段性评估：（1）从外部需求转向国内需求；（2）从投资转向消费；（3）从工业转向服务业；（4）资源分配上，从国家导向转向市场和私人部门推动；（5）从过高的企业债务转向可持续的杠杆水平；（6）从财政债务上升（特别是地方政

府债务）转向可持续的财政；（7）从金融部门自由化转向改善治理；（8）从增加要素投入转向提高生产率和鼓励创新；（9）从不平等的增长转向更加包容性的增长；（10）从高污染转向绿色增长，可持续利用能源；（11）从旧式的、间歇的政府公告，转向及时、清晰易懂的沟通。这些评估指出了未来发展的目标、宏观资源激励方向都进行了根本性改革，而不是修补。

国际大循环方面做得确实不错，我们完成了出口导向的工业化，但对内则汇率贬值压低了国内要素价值，分配有利于资本形成国际循环，但消费难以提振。

双循环也需要一整套的改革，包括货币、财政以及这套资源配置的改革。

第一，逐步推动政府治理现代化，构建基于城市化发展的资源配置体制，财政、金融、产业政策两套体制并轨，完成协调、监管、配置、激励信号的一致性，实现主体目标的一致性，从根本上转变到服务以人为中心的内需发展。

第二，重构国家发展目标，发展目标从单一 GDP 绩效标准转向以人为中心的新的国家福利目标。包含了包容性、可持续的经济效率目标外，将纳入社会等非经济因素进入国家福利目标体系。经济、政治、文化、社会、绿色“五位一体”的新国家福利目标的实现需要一组非经济类因素参与到转型过程中，构造“正反馈”机制推动高质量发展模式的转型。国内很多研究都已经涉及这方面，特别是“参与促进型改革”中明确提出，“以促进社会成员最大范围、最深限度、更高质量参与工业化、现代化进程为目标，着力推进香港领域改革取得突破；其要点可概括为：扩大参与机会，提升参与能力，完善鼓励创业、创新的制度和政策，创造稳定的参与预期的法制环境”。“高质量发展是一个总括性理念，经济高质量是社会高质量和治理高质量的输出。”而以人为中心的转型的核心是要发展出“知识阶层拓展”，知识阶层通过普惠方式拓展是重要环节，通过知识阶层参与转型，形成“正反馈”的群体动力是关键。高质量转型需要社会成员的广泛参与，并从中获益，构造这种“正反馈”机制才能有效地推动目标、路径方向和机制的成功转型。

“双循环”格局的新特征

徐　林　中美绿色基金董事长

中央提出构建以国内大循环为主体、国际国内“双循环”相互促进的新发展格局，这一决断在“十四五”规划建议中得到了进一步明确。

实际上，如果从我国经济整体循环的角度看，我国改革开放后，即便是实行两头在外大循环战略时，表现出来的也是以国内大循环为主体、国际国内“双循环”为主的发展格局，为什么现在要做新的强调？

作为大国经济，过去国内需求对经济增长的贡献率一直都在90%以上。即便是2007年外需对经济增长贡献率最高达到接近10%的时候，国内需求对经济增长的贡献也保持在90%以上。目前，国内需求对经济增长的贡献率在98%左右的水平，已经算是很高了，因此，国内循环一直占据着经济循环的主导地位，为什么现在还要特别提出来呢，和过去相比有什么区别？我认为主要有两个重要的特征与过去不一样。

一、“双循环”强调更加开放

这是第一个特征，强调“更加开放”的双循环。更加开放，到底应该怎么开放？

一是市场的进一步开放。第一是进一步降低关税，货物的进口关税。

美国与中国贸易争端，美国人说得最多的是要对等，所谓对等主要就是关税对等。中国加入世界贸易组织时，我们以发展中国家的身份加入，工业制成品的进口平均关税大概是10%，但美国只是3%，这是不对等的特殊待遇，后来我们形成了较大的对美贸易顺差。美国与中国贸易摩擦，还会进一步要求中国开放货物贸易市场，开放货物贸易市场最好的办法是降低关税，而不是和对方签数量进口的贸易协定。在这方面，中国是有空间的，中国的企业家有能力应对关税进一步下降带来的竞争压力。第二是服务业市场准入开放。服务贸易的对外开放至关重要，中国在服务贸易领域是逆差国，处于持续扩大的状态。主要原因是中国服务业不能有效提供高水平高品质的服务供给，不能满足国内服务消费需求升级的需求。服务业的生产和制成品不一样，线下服务业生产和消费在时空上是一致的。满足国内服务消费升级最好的办法是进一步放开服务业的市场准入，让更多国外优质服务供给主体到中国市场提供服务，真正体现中国的市场是世界的市场、共享的市场、大家的市场，他们的参与也会带动中国服务业整体水平的提高。

二是制度的开放和接轨。所谓制度的开放是要与国际规则接轨。中国加入世界贸易组织后，对中国的法律法规进行了大范围的修改，可能修改了上百部的法律，目的就是与国际规则接轨。未来我们要积极参与全球经济治理，完善并改进国际多边贸易规则，构建新的双边和区域性自由贸易体系，中国要发挥更加积极的作用，必然需要使我们的一些做法、制度与国际规则高度接轨。

三是绿色低碳开放。我们与西方国家的主流意识形态不一致，没有共同的价值观，但我们在绿色低碳发展领域有可能与西方国家形成共同的认识或价值基础。这个领域是全世界面临的共同挑战，我们与西方国家有共同的利益、共同的认识。我们应该在这基础上推行绿色低碳领域的自由贸易，使得绿色技术、产品和服务的贸易没有限制。西方国家对中国有先进技术封锁，基于这样一种共同的价值认识，这种技术封锁必须终止，应该完全实行自由贸易和投资，我们应该引领这个话题。

四是媒体的开放。一个国家经济高度开放之后必然要求媒体的开放。因为开放的媒体可以给我们带来足够多的信息，有利于我们基于充分信息进行决策。全方位开放意味着用全球视野配置资源和要素，企业在进行海外资产配置时，如果得不到足够多的信息，就极有可能做出错误的决策和判断。所以，媒体的开放也应该成为未来中国高水平开放的重要领域。

二、强调扩大内需与供给侧结构性改革的结合

这是第二个特征，实际上强调的是要扩大内需与供给侧结构性改革相结合，这句话在中央五中全会的建议里也进一步得到了明确。

为什么要强调扩大内需与供给侧结构性改革相结合？主要原因是这次强调的扩大内需不是简单的刺激内需，而是重点强调要扩大消费需求和有效投资。内需是由消费需求和投资需求构成的。我们过去经常说，消费需求对经济增长的贡献不足，这是因为拿中国的数据和美国等其他国家相比，确实存在差距，但原因比较复杂。消费和投资在 GDP 的占比有一个此消彼长的过程，在投资增幅特别快的时候，可能消费的比例会下降；当投资增速降下来的时候，消费的比例就会上升。这样的状况在过去几年已经出现了。我国固定资产投资由过去一年 30%的增速下降到现在只有 6%左右，消费的增速虽然也下降了，但是下降得没那么多，还保持在 8%左右，所以消费在统计数据上表现出来的特征是对经济增长的贡献比过去要大了。但实际上这并不意味着中国消费需求增速比过去有

了提高，实际上也是下降的，只不过是消费增速的下降比投资增速的下降慢很多，幅度没那么大，所以它的贡献就大。但是不管怎么样，中国的消费需求确实有不足的地方，有效投资需求也有值得扩大的地方。

从投资来看，扩大有效投资到底应该做什么？主要有三个方面：第一，满足消费需求升级的投资。消费需求形成的新需求供给侧通过投资来响应，这样才能形成真正的国内消费需求。第二，必要的进口替代投资。中国有一个重要的判断，就是外部环境不太友好的状态可能会持续较长时间，西方国家对中国各类技术产品的封锁会加强而不是减弱，但这些先进技术又是中国经济发展所需要的东西。既然有封锁就要有进口替代，进口替代在自由贸易体制下是一个 dirty word，但中国别无选择。所以，必要的进口替代是未来有效投资的组成部分。考虑到我们追求的是更开放更自由的贸易体制，所以我们在未来多边自由贸易体制的重塑过程中，需要好好去和一些发达国家讨论一下怎么约束出口限制，不能在自由贸易体制下找各种借口进行出口限制。第三，新基建的投资。数字经济是未来中国经济发展的很重要的风口和方向，与数字经济发展相关的新基建投资一定是个重点。当然，还有相关的科技创新投资。实行创新驱动战略，对科技创新的投资还需要进一步加大，政府要进一步加大对基础研究和企业研发投入的支持。

另外一个是供给侧结构性改革，供给侧结构性改革与扩大需求相结合到底要做哪些供给侧结构性改革？第一，放开管制，消除供给侧各种不合理管制形成的发展障碍。我们现在供给侧不同领域有很多障碍，涉及文化、教育、医疗、媒体、娱乐、通用航空等诸多领域，限制了企业投资和供给能力的形成，不少需求在国内得不到满足只好外溢到海外。既然坚持市场化的改革，放松管制是重要的内容。第二，城市化的改革。包括户籍制度改革、公共服务均等化、农村土地制度改革，这些都可以释放中国城市化的红利。中国城市化水平还会由目前的60%左右达到2035年80%左右的水平，但是相关制度改革必须要同步推进。第三，城市住房体制改革。目前城市住房制度，特别是行政的限购限价制度扭曲了房地产的发展，使得很多正常的房地产需求得不到满足。房地产业是支柱产业，在哪个国家都不例外，城市住房制度不改革，有效需求就得不到发挥和释放。

有了这样一些基本认知，再采取有效的行动和作为，我相信未来中国双循环的新发展格局一定会变得更加高效、更有利于促进中国经济的稳定增长。

“双循环”背景下我国产业链转型升级走向

陈卫东　中国银行研究院院长

融入全球产业链是我国经济发展的重要动力，对充分利用发挥我国比较优势，提升、完善我国制造能力，扩大就业，维持我国经济增长具有重要意义。在构建国内国际双循环相互促进的新发展格局中，我国产业链的转型升级具有重要的决定性意义。它是我国实现高质量融入国际经贸体系及参与未来全球规则的支撑。

一、全球生产分工中的中国地位

根据相关的统计数据，目前从出口来看，我国是全球最大的贸易国；而从进口来讲，则是仅次于美国的全球第二大进口国。随着我国经济实力的提升，我国已经成为全球第二大对外投资接受国和第二大对外投资输出国。我国制造业的生产或出口在全球占比中均居第一位，其中中国制造总产值在全球占比为28.2%，远高于排名第二的欧盟（18.9%）和排名第三的美国（15.3%）；中国制造业出口在全球出口中占比达到17.2%，远高于排名第二的德国（9.9%）和排名第三的美国（7.3%）。同期，印度、墨西哥和越南的制造产能占全球比重分别为2.8%、1.5%和0.3%，中国制造体量是印度的10倍、墨西哥的19倍、越南的102倍。

二、我国产业转型升级情况

虽然我国已经成为全球产业链重要的一极，并具备主动调整和升级的空间和能力。实际上，近年来，我国产业链转型升级一直在持续推进过程中，从我国劳动密集型、资源和资本密集型及技术密集型的出口占比的变化可看出，如资源和资本密集型及技术密集型的比重正在不断上升。1992 年，我国机电产品出口占全国总出口比重为 14%，2018 年上升到 45%。同一时期，劳动密集型典型行业纺织鞋帽出口由 39%下降到 15%。到 2019 年，我国前十大出口产品种类中，技术密集型及资源和资本密集型产品种类占到一半。以电子设备及元器件为代表的技术密集型产品 1995 年在世界占比为 2%左右，2019 年上升到 25%左右。

以机械和运输设备为代表的资源和资本密集型产品出口在世界占比由 2%左右上升到 2019 年的 15%。

出口中加工贸易占比呈下降趋势，一般贸易产品占比呈上升趋势，如 1996 年纺织衣帽类产品中，加工贸易占比 57. 8%，2016 年下降到 12. 3%，机械类产品加工贸易由 71. 5%下降到 51. 5%，电子电器类产品加工贸易由 86. 3%下降到 51. 4%，交通设备及医疗仪器加工贸易占比由 76. 4%下降到 45. 5%。从每一千美元出口的国内增加值来看，2010 年为 614 美元，到 2018 年上升到 704 美元，我国出口产品国内附加值在逐步提升。

三、我国产业转型升级面临的挑战及应对

尽管有这些进展，但是我国产业链转型升级也面临三个挑战。第一，有些有优势的产业出现了向外转移的趋势，如果转移过多、过快可能会

对国内就业产生冲击。第二，一些国家提出产业布局的“中国+1”方案，并明确提出支持或鼓励产业回流的政策措施，可能会对中国未来产业链转型升级造成冲击。第三，我国新型产业如何提高竞争优势，推动进一步向高端价值链产业链转型升级。

在关注我国产业链转型升级的时候，不要忽视传统产业链完整的重要性，要重视基础工业的价值，很多国家在后工业时代都留下了一些教训，如产业空心化和“铁锈带”问题。要通过加强科创投入和科技转化，通过加强对新兴产业的扶持、培育保持在新兴产业、战略产业链的完整和价值链的延伸，并努力维持领先优势。

我国在未来 15 年的关键时期内，要成功跨越中等收入陷阱，进入中等发达国家行列，产业链转型升级是很重要的生产力基础。总体上来看，产业的优势应该由劳动力、资本、技术和市场共同推动。改革开放 40 多年以来，很多产业链的基础是在一种自发的状态下形成的。在这个过程中，其实我们也有一些优势和经验是值得关注的。比如我国形成了熟练的劳动力、熟练的技工队伍，我国不断改进的基础设施，不断完善的物流体系，不断优化的营商环境，从这些方面来看，我国现有基础的比较优势潜力并没有用尽。在近年的发展过程中，我国又增加了一些新的优势，比如在资本基础方面，我国拥有全球最大的银行业资产、按市值计全球第二大股票市场和债券市场；我国的科技实力也不断提升。

我们的上述比较优势在自发的过程中形成。现在在面临重大挑战的时候，我们要从更高层面上对一些制度进行调整和完善，以促使我国各方面优势能够进一步提升，提高各类产业链未来的竞争力和生命力。劳动力、技术方面都有一些调整空间，这里主要讲在金融方面、大市场方面应该改进的内容。

在我国传统制造业及产业链形成过程中，金融发挥了很重要的作用。

但从目前来看，它还是很难适应新的产业链发展需要，没有很好地适应新型产业集群发展的需要，很难推动传统产业链的转型升级，这方面还有很多工作可做。

怎么利用好大市场这个条件推动产业链的转型升级？如何利用大市场留住更多产能？这需要有一些配套的环境和政策。全球化大发展时代的贸易投资规则造就了过去 30 多年以来的产业链转移的历程。全球范围之内的垂直分工和水平分工体系，是在关税不断降低、贸易壁垒不断降低的情况下形成的。而我们现在面临的是逆全球化以及后疫情时代，很多国家提出“中国+1”产业布局方案，政府积极参与到对全球产业链的重新布局过程中。如果我们不能正确地评估未来的贸易政策、贸易规则、投资规则的变化，也许会导致我国未来产业链出现不合理的、过快的调整变化，从而对我国经济带来负面冲击。如何用好我国大市场保留好我国完整的产业链，并适应时代的变化不断推动我国产业链的转型和升级，这是一个很重要的课题。

金融开放和“双循环”新发展格局的形成

张礼卿　中央财经大学金融学院教授

关于“双循环”，我们要明确两个问题，一是“双循环”会不会导致我国经济开放度的下降？二是金融开放如何助推“双循环”新发展格局的形成？

第一，“双循环”会不会导致我国经济开放度的下降？答案是不会。理由有三。

首先，“双循环”既强调注重内需的“国内大循环”，也强调“国内循环和国际循环”的相互促进。在大多数行业，基于“比较优势原理”展开的对外贸易和跨境投资在未来不仅不会消失，还会继续发展。没有它们的存在，不仅消费和投资的正常运行可能受到影响，而且整个经济活动的成本会变得很高。在政策层面，可以预见的是，未来在扩大商品和服务进口、降低外国投资者的市场准入限制等方面很可能会变得更加自由和开放。

其次，开放是个制度变量，与经济循环的方式没有绝对联系。所谓开放，主要指政府是否对跨境经济活动实行限制。开放可以支持“国内大循环”，也可以支持“国际大循环”。经济如何循环，是以国内为主还是以国际为主，与开放程度的高低没有必然联系，更多地取决于一国资源禀赋、经济发展阶段和经济结构。譬如，美国的经济增长基本上是以消费驱动的，消费占 GDP 的比重目前高达 85%~90%，而对外贸易依存度只有 20%左右。美国属于比较典型的以国内经济大循环为主体的国家。但是，没有人会因此而认为美国经济不开放或者开放程度很低。欧盟的情况也与美国类似。

最后，开放没有回头路可走，回到闭关锁国将导致中国经济和全球经济陷入困境。2013 年中国首次超越美国成为世界最大贸易国，已经深度融入了国际分工和贸易之中。从中国来说，不仅向世界提供了大量的各类工业制成品，同时也从世界各国进口农产品、能源、工业原料和一些技术含量较高的零部件等。2019 年，中国的对外贸易进出口总额高达 31.54 万亿元，占同期我国 GDP 的 32%，并且占世界贸易总额的 11.8%。在今后的 15 年内，中国对世界其他国家和地区的进口额将高达 40 万亿美元。很显然，无论从中国来说，还是对世界而言，中国走回闭关锁国的老路是不可想象的，那将导致中国经济和全球经济陷入严重的困境，增长停滞和通货膨胀将无法避免。

第二，金融开放将如何助推“双循环”新发展格局的形成？

金融开放可以分为两个基本方面，即金融服务业的开放和资本账户开放（即跨境资本流动自由化）。前者是指允许外国金融机构在国内独立或合资建立商业存在，并通过发放牌照方式允许其提供金融服务，属于服务贸易自由化范畴；后者是指取消对跨境资本流动的限制，属于金融自由化范畴。在入世以后的头 15 年左右的时间里，我国的金融开放总体上进度较慢。以外资银行资产规模在我国整个银行市场资产总量的占比为例，2001 年入世之初大约为 2%，但到 2016 年不仅没有增加，反而还有所下降。

不过，近年来，金融开放进程已明显加快。一方面，自 2018 年 4 月中央提出加快金融开放之后，银行、证券、保险、期货、评级、支付等诸多领域的开放进程明显加快，其中最主要的是取消外国投资者在我国投资证券公司、期货公司等金融机构的股比限制，在监管上实行国民待遇，并降低了某些机构设立的最低资本金要求。另一方面，深港通、沪港通、债券通、取消 QFII 额度限制，以及与全球知名的股票和债券指数公司开展合作等一系列的开放举措，跨境资本流动的自由化程度也在明显提升。

金融开放将如何助推“双循环”新发展格局的形成？对应于上述金融开放的两层含义，可以从两个方面来展开说明。

1. 金融服务业的开放。

双循环，特别是国内经济大循环，需要生产、流通、分配和消费各个环节的顺利运行，也需要每个环节之间连接畅通。各种企业贷款、资本市场融资、供应链金融、消费金融、基金管理、保险、信托和期货等金融服务，对于上述环节的运行以及环节之间的联通可以提供非常重要的支撑，起到桥梁和润滑剂的作用。尽管我国目前的金融服务体系已经发挥了非常重要的作用，但是，有理由相信，伴随着整个金融业的进一步开放，这个体系将可以提供更多、更为优质和更低成本的服务。

首先，扩大开放将增加我国金融机构的数量，并且提高金融服务效率。以银行为例，据银保监会统计，截至 2018 年底，我国银行业的机构数为 4588 家，每百万人口的拥有量为 3. 29 家。相比之下，截至 2015 年第三季度，美国共有 6270 家持牌银行，每百万人口的拥有量为 19. 33 家。与发达国家相比，我国的银行数量显然还相当不足。外资银行的进入，将促进正规银行体系的发展和壮大，提升对实体经济的贡献度。我们最近做的一项研究显示，外资银行的进入将不仅导致企业融资约束的明显缓解，改善上市公司的融资结构，而且还有助于减缓企业所有制歧视带来的融资效率低下。

其次，随着金融机构数量的增加，我国金融体系的集中程度有望降低。目前，我国银行体系的集中程度相对较高。银保监会公布的数据显示，2018 年，工、农、中、建四大行的贷款和存款占国内全部贷款和存款的比重分别高达 46%和 48%，大约比美国四大银行的对应数据高出 10 个百分点。随着外资金融数量的增加，我国金融体系的集中度将会进一步下降。一个更具竞争性的体系，将促使所有金融机构努力提高经营管理水平，提升风险控制能力，降低成本，以更高的效率服务于企业和其他客户。

最后，外资金融机构的进入，有助于促进我国金融业的产品创新。尽管以资产规模而论，全球最大的 10 家商业银行中，绝大多数已经是来自中国的银行（包括工、农、中、建四大行和其他大型股份制银行），但是，大多数国内银行在财富管理、衍生产品和国际业务等领域还需要更多的创新和发展。目前，我国已经有 4 亿~5 亿的人口进入了中等收入群体行列，对于财富的保值、增值需求越来越强烈，并且通过财富效应直接影响到其消费能力。通过扩大金融开放，不仅外资金融机构可以直接提供理财服务，而且可以推动国内金融机构在这方面进行共同创新和发展。

2. 跨境资本流动的自由化。

在控制金融风险的前提下，扩大跨境资本流动的自由化，对于我国未来一个时期继续保持相对较高的经济增长速度至关重要，对于“双循环”新发展格局的形成不可或缺。

众所周知，我国的人口结构正在发生重要变化，老龄化和储蓄水平逐渐下降是一个难以避免的趋势，劳动和资本的供给都有可能受到越来越多的制约，我国的经济增长潜力也会因此而逐渐呈现下降趋势。与此同时，在更加注重内需的“双循环”发展格局下，消费和投资的增长速度将会继续保持比较强劲，甚至比以往更加强劲的势头。扩大对外开放的努力，将导致更多的商品和服务进口。在应对2008年全球金融危机和2020年新冠肺炎疫情冲击过程中，扩张性的货币政策和财政政策显著提升了总体负债水平（以宽口径衡量，可能接近300%），而这些债务的还本付息无疑会消耗未来的政府财政资源和民间储蓄资源。综合上述各种因素，可以预料，未来我国经常账户的顺差将逐渐减少，适量的逆差可能成为一种常态性特征，这也意味着未来我国需要长期保持一定程度的资本净流入。可以认为，适量的经常逆差和资本净流入将成为“双循环”新发展格局下的一个重要特征，也是我国未来取得开放条件下高水平经济均衡的必然选择。

为了适应这样的选择，我国需要继续扩大资本账户的自由化，即允许更多的外国资本，包括直接投资、证券组合投资和其他形式的外资进入中国。相应地，也需要逐渐放松对各类资本流出的控制，因为如果没有自由的流出，就不会有踊跃的流入。

值得注意的是，这样的情况正在发生。2020年以来，尽管受到疫情的影响，中国经济收缩比较严重，但由于疫情控制较好，经济恢复快于欧美国家，加上我国的利率（国债收益率）高出欧美200多个基点，国际证券组合投资大量流入我国。据国家外汇管理局的数据，2020年上半年，境外投资者持有境内债券和股票的数量净增加729亿美元，比2019年同期增加10%以上。另外，在外商直接投资流入方面，沿海一些城市上半年也出现了一定的增幅，好于预期。这些资本净流入，对于降低我国企业和政府的融资成本在一定程度上发挥了积极作用。

当然，有一个问题同样值得我们高度重视，即如何确保在金融开放扩大之后，资本净流入能够持续、稳定和有序地发生，而不是在短时间内频繁地流入和流出。在资本账户基本自由化之后，利用宏观审慎政策进行逆周期调节，必要时采取“无偿准备金”制度来限制投机性短期资本的流动，将是非常必要的。同时，对于金融服务业扩大开放后产生的同业竞争加剧，也需要高度重视并进行必要的监管，以免产生过度竞争和过度冒险，进而酿成金融动荡甚至金融危机。

打造支撑新发展格局的“集合动能”

司晓宏　陕西省社会科学院院长

推动形成新发展格局，是努力在危机中育新机、于变局中开新局的战略选择，是确保“十四五”高质量发展行稳致远的根本基点。推动形成新发展格局是一项系统工程，亟待打造“集合动能”，夯实动力支撑。

一、推动形成新发展格局是尊重发展规律的必然选择

近年来，外部环境和我国发展所具有的要素禀赋发生变化。经济全球化在曲折中前行，一些国家单边主义、保护主义愈演愈烈，多边主义和自由贸易体制受到严重冲击，国际供应链风险进一步加大，“外需导向型经济”溢出效应明显减弱；国内产业和消费“双升级”，内需潜力不断释放，内需对经济增长的贡献率连续多年超过100%，国内市场主导经济循环的特征更加明显，“外需导向型经济”正加速转向“内需驱动型经济”模式，支撑市场循环、产业循环、经济社会循环的动力体系发生了根本改变。

推动形成新发展格局，就是充分挖掘国内市场潜力，加快构建完整的内需经济体系，形成更多新的增长点、增长极，着力打通生产、分配、流通、消费各个环节，逐步形成各产业链条镶嵌有度、产品供应纵横交

错、供给和需求彼此协调的高效、安全、稳定的国内大循环，激发经济循环的内生动力。同时，新发展格局不是封闭的国内循环，要通过发挥我国超大规模市场优势，吸纳引进高质量外资、技术、先进管理经验，改造升级国内经济体系，提高我国嵌入全球价值链的深度、广度和高度，形成国内大循环主体，国内国际双循环相互促进的价值链循环，推动供给需求在更高层次更高水平上实现动态均衡。

二、推动形成新发展格局，打造内需牵引力

内需是支撑经济复苏和持续增长的战略基点。要牢牢把握扩大内需这个战略基点，努力探索形成新发展格局的有效路径。

一是要推动消费升级导向的产业链升级，释放投资与消费需求潜力。以满足消费需求为立足点，把扩大内需与推动产业转型升级结合起来，增强自主品牌建设，增加新产品新业态新服务供给，满足居民有效需求；加大产业链投资，支持中间产品型产业向最终需求型产业领域延伸，化解产能过剩；推动服务业开放和高质量发展，积极扩大养老、健康、家政等服务消费，促进消费提档升级。大力培育发展线上经济、宅经济、无接触经济等新业态，拓展网络消费、定制消费、智能消费等新模式。

二是要发挥投资对扩大内需的关键性作用，加快消费型基础设施投资。加快以5G网络、人工智能等为主的新型信息基础设施建设，促进消费新业态、新模式、新场景的普及应用，激发新消费需求；加快发展农村商产联动、完善农产品冷链物流体系，支持优质工业品下乡，激发农村消费市场；推动京津冀协同、粤港澳大湾区、长三角一体化、黄河流域生态保护和高质量发展等战略对接，加快建设一批国际消费中心城市、消费型样板城市群，促进信息、数据、人才、产业融合互动。

三是要加强出口转内销渠道建设。支持外贸企业建设“买全球卖全球”电商平台，畅通出口转内销渠道；支持外贸生产企业应用大数据、工业互联网等，精准对接国内市场消费升级需求，开发适合国内需求的产品和品牌；加大出口转内销商品减税降费扶持，降低内销成本。

三、推动形成新发展格局，打造创新动力

创新是引领发展的第一动力。习近平总书记讲话指出，实现高质量发展，必须实现依靠创新驱动的内涵型增长。

一是要打好关键核心技术攻坚战。要依托我国社会主义制度能够集中力量办大事的显著优势，加快建设关键核心技术攻关新型举国体制，创新关键核心技术项目遴选、投入、产学研用协同、党的领导等机制体制，形成推动攻克关键核心技术的强大合力，努力推进原始创新、自主创新，攻克制约优势产业发展核心技术难题，占领竞争制高点。

二是推进以科技创新为核心的全面创新。紧紧把握新技术、新工艺、新装备变革新趋势，坚持需求导向和产业化方向，大力推进技术的融合和跨越，持续提升优势产业的技术水平与产业层次，厚植产业竞争实力。推进工艺创新、产品创新、商业模式创新、业态创新、文化创新等全面创新，加快技术创新市场化、商业化，放大技术创新效应。

三是努力把企业打造成为强大创新主体。企业是科技和经济紧密结合的重要力量，是技术创新决策、研发投入、科研组织、成果转化的主体。加大支持企业研发投入，积极构建企业为主体、产学研深度融合的创新体系与开放合作平台，促进创新要素流动、创新链条融通。积极打造产业链、创新链、资金链、人才链、政策链深度融合的创新生态，大力拓展新技术、新产业、新业态、新模式应用场景，促进新动能培育壮

大，引领企业能级持续提升。

四、推动形成新发展格局，打造改革动力

改革是解放和发展社会生产力的关键，是推动国家发展的根本动力。当前，以改革促发展、促创新、促转型的要求更加迫切，全面深化改革任务更加艰巨。

一是要深入推进重点领域薄弱环节改革攻坚。围绕实现“更高质量、更有效率、更加公平、更可持续、更为安全的发展”战略目标，深入推进供给侧结构性改革、要素市场化配置、市场主体活力激发、公平竞争环境营造、高水平对外开放体系建设、共建共治共享社会发展等重点领域薄弱环节改革攻坚，进一步解放和发展生产力，使一切有利于生产力发展的力量源泉充分涌流，增强内生动力、激发市场活力。

二是要加强已有改革举措的评估问效，加速推进改革举措转化为治理效能。党的十八届三中全会以来，中央全面深化改革力度加大，密集出台上千条改革方案。要分类施策，加强已有改革举措的评估问效，促进各项改革举措落地见效、向治理效能转化。

三是放大改革综合效应。坚持运用系统集成、协同高效的方法论，统筹推进各项改革配套举措，使各项改革举措相得益彰，发生“化学反应”，强化制度衔接和执行，推动制度体系完善，最大限度地提升改革的整体效能，放大改革综合效应。

五、推动形成新发展格局，打造开放动力

开放是拓展资源要素配置空间、优化提升资源要素配置效率重要的

外生动力。从长远来看，经济全球化大势不可逆转，世界各国都处在全球生产网络中，产业链全球配置是市场资源配置的必然选择、经济发展规律的使然。高水平开放型经济是质量、效益、安全协同一体的经济模式。建设高水平开放型经济是实施更大范围、更宽领域、更深层次的全面开放，旨在深度融入全球化，更好利用国际国内两个市场两种资源。

一是要积极构建全方位、多层次、多元化的开放合作格局。坚定不移地推进经济全球化进程和区域经济合作进程，特别是要深耕细作“一带一路”国际合作平台，扩大对外贸易、跨境投资合作，拓展资金、人才、科技等领域国际合作，持续完善要素国际化配置，更好地发展和积聚我国经济新动能，加快构筑全球价值链体系。同时，加强各类进口贸易平台建设，培育融资租赁、保税维修、离岸外包等新业态，扩大重要原材料、关键零部件、核心装备、优质消费品进口等；依托境外合作园区、海外展销中心、海外仓等平台，加大国际市场多元化布局，逐步提高自贸伙伴、新兴市场和发展中国家在对外贸易中的份额。

二是要加快推进制度型开放建设。新一轮高水平开放要以制度型开发和吸引集聚全球高端生产要素为基点。以贸易投资便利化高效化为重点，主动对标对接国际先进市场规则，建立和完善与国际市场、规则、金融、数据相融通的机制，推行更加精简、透明的跨境服务贸易负面清单制度，推动高端资源要素自由有序安全便捷地流动。

三是要稳步提升开放经济安全保障能力。建立和完善制度、机制、法律等不同层面的对外开放安全保障体系。加大网络、数据、产业链供应链、金融、能源等重点领域安全风险监管，强化风险监测预警，引导企业防范风险，保障重大项目和人员机构安全。健全外商投资国家安全审查、反垄断审查、国家技术安全清单管理、不可靠实体清单等制度，切实维护我国主权、安全和发展利益。

3

第三编

推进双边多边经贸合作

以多边合作应对共同挑战

拉　米　世界贸易组织前总干事

新冠肺炎疫情影响到我们所有人。过去70年来，多边合作机制被用于应对各种国际性问题，但是现在多边合作机制面临压力，国际合作体系以及全球经济发展也面临着诸多挑战，国家间的差异与分歧日益加大。我们必须通过共同努力来解决全球性问题，需要通过改革塑造新的国际合作体系。经济增长和经济平衡都很重要，不平衡的增长很难持续。

世界各国都在塑造自己独有的文化特色，各国在合作交流中都面临着文化差异。我们希望各国政府能克服差异和分歧，携手应对共同的问题和挑战，携手推动多边体系的发展。“二战”后，国际社会通过紧密的合作不断推动多边体系的发展。中国与欧盟可以共同推动多边合作，中国和其他国家及地区之间也可以推动多边合作。我们应当把世界打造成更为紧密的命运共同体。

中国已经承诺2060年实现碳中和目标，并正在积极推动低碳经济的发展。只要各国不懈努力，就能够在2050年或2060年实现碳中和这个目标。但是各国面对的挑战也非常大，这就需要加强多边合作。包括中国在内的各个国家应在更广阔的领域通过开展多边合作来应对气候变化带来的问题。

国际贸易现在也面临很多问题。我们不仅要保持贸易开放，还要在各个地区保证要素自由流动。我认为，我们还要更有作为，要采取更多措施推动贸易开放，同时通过谈判来应对自由贸易面临的逆全球化思潮等挑战。

中国的贸易非常具有竞争优势。中国应继续推动贸易开放，不断加强与各个国家之间的合作，并在 WTO 的框架下约束自己、遵循国际贸易规则。所以，营造贸易环境非常重要。2020 年的全球贸易发展大会谈到了要建立开放贸易平台，也谈到了要促进数字贸易的发展。我们要不断扩大国际合作，而不应把合作局限在某个区域、某个国家。现在有很多国际合作框架，许多国家都参与双边、多边以及区域间的国际贸易合作，国家间的联系更加紧密。这就意味着我们需要合作，不仅是国家政府层面，各国城市之间、非政府组织之间都可以展开合作。

我们的世界被分裂成东方和西方两个部分，我们需要打破东西方地缘限制，携手开展更为紧密的合作。像中国与周边国家的合作发展一样，各国都应更多地推动与周边邻里国家之间的合作发展，共同推动多边体系的发展。

从大国竞争走向大国合作

莎　达　欧盟新地平线项目董事

一、适应新变化的多边合作

多边主义与多边治理体系十分重要，但旧机制已无法适应世界的新变化。因此，我们需要共同合作以推动变革。

当前的世界是混乱和复杂的。过去，美国在全球治理体系中发挥主导作用，欧洲是美国的盟友，因此也是规则的制定者之一；而中国、印度等其他发展中国家是规则的接受者。当前的形势变化给全世界共同合作带来新的机会，我们应结束“冷战”思维，避免“冷战”思维给经济等方面带来损害。

当前，世界政治和经济领域的许多主导权都集中在部分国家手中。所以，要让同处于一个世界的我们共享这些权利，让不同的价值观和行为方式融入一个体系中，是一个充满困难的挑战，但这对于建立一个新秩序来说至关重要。

我们需要认真考虑和推行基于规则的世贸组织改革。美国若继续当前的单边主义政策，则会给世界带来负面影响，我们就会面临“一个世界两种体系”的挑战，所以我们要尽一切可能，不要让世界分裂成两个部分。

二、共同应对新冠肺炎疫情、气候变化挑战，推进互联互通合作

管控新冠肺炎疫情带来的风险。在过去的几个月里，全球新冠肺炎疫情已经对我们所有人产生了深远的影响。

新冠肺炎疫情大流行冲击了公共卫生系统，暴露了我们的弱点，也重创了我们的经济。但各国抗击疫情的表现有所差异，目前来看，西方经济整体放缓，而亚洲经济似乎正在复苏。

新冠肺炎疫情暴发和我们所经历的封城正在动摇我们的社会和政治制度。在许多方面，新冠肺炎疫情动摇了我们过去70年以来建立起来对于“地球村”的设想和叙事，加剧了贫富阶层、老幼与性别之间现有的不平等。

其实疫情改变的还有很多。

首先，疫情改变了西方充满自我优越感的话语叙事，即民主国家做得更好，欧美无须向他国学习。就应对疫情而言，中国、韩国、新加坡以及一些非洲国家在感染率和死亡率控制方面却要做得更好。当亚洲正逐步取消封城时，欧洲却不得不采取更加严格的封城措施。

其次，这场疫情大流行动摇了我们对社会角色的认知，是我们这些居家办公的人重要？还是在医院、运输系统和超市的工作人员更重要呢？他们的工资最低，但却在做着至关重要的工作。

疫苗很快将会面世，我们还必须警惕围绕疫苗出现的民族主义，还要确保疫苗不是只属于富人和权贵阶层。

应对气候变化。欧盟和中国有责任就应对气候变化方面向公众的关

切做出回应。习近平主席宣布，中国二氧化碳排放力争于2030年前达到峰值，努力争取到2060年前实现碳中和。这一目标得到了欧盟的支持。中国此举被视为朝着正确方向迈出的重要一步，德国总理默克尔也表示，受中国最新气候保护承诺和减排目标的鼓舞，欧洲将在这一领域与中国加强合作，并表示："尽管中国仍然面临许多发展挑战，但却订立了如此雄心勃勃的目标，这也应该鼓励我们欧洲国家真正实现自己的目标。"这也是中欧合作升级的基础。

新的气候变化高级别战略对话已经建立。通过该对话可以集中讨论如何实现碳零排放。重点议题应涉及逐步淘汰煤炭、碳定价的作用、氢能源的推广等。此外，该对话还可以为全球针对甲烷排放的相关行动奠定基础。

首先，应了解欧盟绿色协议和中国绿色发展承诺的相同点和分歧点。其次，标准对接和避免保护主义至关重要。中国须言出必行，与各国一道合作构建公平和共赢的全球气候治理体系，推动全面、有效和可持续地实施《巴黎协定》。

中国正在推动可再生能源和电动汽车等领域的发展，中国和欧洲的企业在这些领域有着巨大的合作机会。中国将再次成为全球最大的电动汽车市场。中国现在对煤炭的依赖性还比较大，解决煤炭依赖问题对内对外都有重大意义。

欧洲的目标是在2050年实现碳中和，目前正在讨论提高有关各方在2030年前减少温室气体排放的目标，下一步的欧盟复苏计划也会围绕这一重点展开。然而，欧盟的温室气体排放量仅占全球的7%，这个上限决定了我们只有在多边框架内合作才能有效地应对气候变化。英国首相鲍里斯·约翰逊在最近的一份声明中说："我们正致力于制定新的雄心勃勃的目标，并在风力发电领域进行投资，以加快我们在2050年实现碳零排放的进程。”

互联互通合作。中欧在 WTO 框架下的合作项目，已为全世界的互联互通创造了价值。东盟、日本、土耳其、印度以及中国和欧盟都有各自的互联互通项目。中国和欧盟可以牵头推动实现各国在互联互通领域的共同合作，制定高标准以实现环境的可持续发展，推动全世界建立起双边、多边和区域的合作，以实现我们有良好的互联互通网络。

三、三个不同选项

我们目前正面对三个截然不同的选项：第一个选项是，采取不同的行动以做出改变，包括坚定地采取行动应对气候变化、减少社会不平等、消除贫困、关注人工智能发展中的道德性问题以及加强多边规则协调制定。第二个选项是，奉行民族主义与民粹主义，以邻为壑。第三个选项是，企图蒙混过关，但结果可能捡了芝麻丢了西瓜，最终危害所有人的利益。为确保更多人的利益该如何选择，不言自明。

当前许多的多边合作机制需要变革，希望中国和欧盟通过多方面的合作，为世界带来改变，使世界从大国竞争走向大国合作。

以多边主义应对单边主义挑战

欧渤芊　中国人民外交学会副会长

随着全球化发展和第四次工业革命兴起，我们生活的世界正变得越来越小、越来越扁平、越来越紧密。沟通与合作已跨越时间和空间，超越国家和种族，打破行业和领域的藩篱。然而在过去几年，逆全球化浪潮汹涌，个别大国“唯我独尊”，单边主义、保护主义大行其道，世界经济和国际秩序面临严峻风险和挑战。新冠肺炎疫情更进一步催化了国际社会的变革，加速了世界格局的调整。可以说，在座各位都是这一场百年未有之大变局的亲历者和见证者。面对各种困难、挑战和诱惑，我们究竟应该拥抱多边还是单边、选择开放还是封闭、走向合作还是对抗，这是时代赋予世界各国的一项重大考验。

第一，多边主义是人类历史的选择。

国际关系史表明，多边主义不仅符合世界潮流大势，也体现人类社会前进方向，是维护和平、促进发展、解决全球性问题、改善国际治理的有效路径。

“二战”后，世界人民吸取惨痛教训，建立了以联合国为主体、以多边主义为基石的全球治理体系。它汇聚全人类集体智慧的结晶，承载着世界各国对和平发展的向往。联合国制定的千年发展目标和《2030年可持续发展议程》，有力推动了全球发展事业，帮助几十亿人口加快了现代化进程；联合国安理会、经社理事会、世卫组织、教科文组织等一系列专门机构，都为全球和平、安全、稳定与发展做出了巨大贡献。

现在有一些质疑的声音，认为联合国好像不那么“管用”了，这面多边主义的大旗是不是要倒了？事实上，近期民调显示，绝大多数人仍然信任多边主义、支持多边机构，单边主义的抬头仍局限于少数人中，不能代表大多数联合国成员的意见。我们看到的是，面对突如其来的疫情，世界各国纷纷支持世卫组织发挥关键领导作用，这与个别国家执意“退群”、与全人类背道而驰形成鲜明对比。

世贸组织是历史选择多边主义的又一明证。1947 年《关税及贸易总协定》（GATT）签订时只有 23 个成员国，世界平均关税率超过 40%。而到了 2019 年，世贸组织已有 164 个成员，贸易额占全球贸易总额的 98%，平均关税水平降至 9%。与此同时，尽管受到世界经济持续下行和个别国家挑起的贸易战等影响，2019 年全球贸易总额仍超过 25 万亿美元，比 GATT 成立之初增长超 304 倍，全球货物和服务贸易总量增长逾 41 倍。更重要的是，世贸组织所构建的基于规则、开放、透明、包容和非歧视的多边贸易体制，将继续对促进贸易自由化便利化，推动建设开放型世界经济发挥重要支柱性作用。与此相反，个别国家在全球大打贸易战，却让普通民众承担加征关税的代价，反而导致自身更加割裂、贫富矛盾更加尖锐。这种做法终将会被历史所抛弃。

历史已经并将继续证明，以联合国为核心、以多边主义为基石的全球治理体系具有不可或缺的建设性作用。面对新形势新挑战，我们要做的是对包括联合国、世贸组织、世界银行、国际货币基金组织等在内的全球性多边机构进行必要改革，使之能够更加有效地践行其宗旨，而不能动辄“毁约”“退群”，走向自我保护与封闭。

第二，全球化是客观经济规律的选择，多边主义是全球化的必要助力。

尽管近年来全球化遭遇逆境，“脱钩”“新冷战”“新孤立主义”之声不绝于耳，但全球化的步伐并没有停滞，趋势并没有逆转。其中的道理非常简单：全球化既是社会生产力发展的客观要求，也是科技进步的必然结果。全球化发展到今天，已经由政府和大型跨国资本的人为驱动，全面转向以数字化、互联化、智能化为代表的技术驱动。上述转变与全球供应链和产业链发展以及全球资本自由流动相互叠加，未来不是某个人、某个国家想不想要互联，而是个人或国家可否孤立于全球化网络之外继续生存发展。这正是我们对全球化不会因某些国家一纸政令或某些政客一己私欲而逆转的根本信心所在。

我们需要看到，当今世界每个人、每个国家都与全球化息息相关，都是全球化的受益者。虽然受益有大小、时间有先后，但全球化的有益成果必将覆盖越来越多的偏僻地区，惠及越来越多的普通人。全球数以亿计的个体正在通过全球化切切实实受益，我们要对全球化有信心、有耐心。

可以说，全球化已使世界各国成为休戚与共的命运共同体。我们必须继续高举多边主义的旗帜，坚定不移地推动全球化向前发展。一味强调本国优先、逃避国际责任是极为短视的。我们要通过更加有效的多边合作，在公平竞争、友好协商中寻找利益平衡点，在共同应对危机、寻求机遇的过程中实现互利共赢，携手推动全球化朝着更加开放、包容、普惠、平衡、共赢的方向发展。我相信，世界上每一个理性的国家及其人民，都会做出尊重客观经济规律、拥抱多边主义的理性选择。

第三，单边主义的破坏性，让我们更加坚定地拥护多边主义。

当今世界正面临百年未有之大变局，国际格局深刻调整，力量对比加速演变。以怎样的态度看待和应对这种变化，决定了一国在多边主义和单边主义间究竟做何选择。近年来，个别国家始终抱着零和博弈的

“冷战”思维和霸权主义的错误思想，隔岸观火，以邻为壑，企图永远霸占利益金字塔的顶端。这种单边主义行径已经对国际秩序和全球治理体系造成严重冲击，给各国共同利益和发展空间带来巨大损害。支持多边主义、反对单边主义，并非针对某个具体国家，而是合作共赢与零和博弈的较量，更是维护正义还是纵容谬误的抉择。与全世界为敌、和历史潮流作对，就算获得一些眼前利益，也绝不可能“再次伟大”；妄图让全世界围绕自己转，只能是痴人说梦。一味奉行单边主义，注定“伤敌八百，自损一千”。

与此形成鲜明对比的是，求同存异、协商共襄的价值导向，深深根植于中国的传统政治文化。“一带一路”倡议秉持的是“共商、共建、共享”的原则和开放包容的态度，始终坚持“大家的事情大家商量着办”，不划“小圈子”、不搞“一言堂”，为全球多边合作不断注入新的活力。

倡导和践行多边主义，不仅是中国的坚定选择，也是世界绝大多数国家的共同选择。正如联合国秘书长古特雷斯所说，当今世界“比以往任何时候都更需要多边主义”。在各国共同努力下，联合国、世贸组织、世卫组织等正逐步朝着更有利于推动和践行多边主义的方向改革，二十国集团、亚太经合组织、金砖国家峰会、亚信会议等重要多边机制正不断探索全球治理的新模式和新路径，RCEP、CPTPP 以及日益增加的区域自贸协定正加速推动经济全球化惠及更多地区和人民。

在各国利益深度融合的今天，和平发展是时代潮流，多边主义是人间正道，构建人类命运共同体是大势所趋。就像习近平主席所说，“历史已经并将继续证明，睦邻友好必将超越以邻为壑，互利合作必将取代零和博弈，多边主义必将战胜单边主义”。

新形势下中欧经贸合作的前景

孙永福　商务部欧洲司原司长

从经济实践的角度看，第一，中国是开放型经济的后来者、参与者、受益者。第二，要实现“两个一百年”奋斗目标，更要进一步建设好更高水平市场经济体制，推动贸易和投资的便利化和自由化。第三，从贸易和投资领域的合作角度，我认为当前中国融入世界的重要标志是尽快完成中欧投资协定谈判。

一、中国是全球开放经济的参与者与受益者

为什么说中国是开放经济的后来者、参与者和受益者？1984 年我第一次出国，而且是去灯火辉煌的纽约，那时候中国还没有真正意义上的高速公路，美国的交通基础设施和整个高楼大厦的现代化，令人震惊。30 年后的今天，我们再到国外就没有震惊的感觉了，而且很多人认为发达国家比中国的基础设施还差很多。中国虽然是后来者，但是经过改革开放，中国的发展非常迅速，令很多外国人都感到非常惊奇。不要说上海浦东，看看深圳的变化，现在已经完全可以比肩香港。所以，我们虽然是后来者，但是快速融入了世界。在发展过程中，无论是经济总量还是人民生活水平的提高，都令世界瞩目。

中国刚入世的时候，货物贸易总量只占第六位，2019 年我国的货物贸易达到了 45789 亿美元；2001 年 GDP 只占全球的 4%，2019 年超过了 16%。这些都是开放型经济带来的，我们所有人都深有体会。所以我觉得开放型经济推动了中国整体的改革进程。

二、主动加快建设更高水平的开放型经济新体制

这是实现“两个一百年”目标非常重要的推动力。我们要实行更加主动的开放，不是被动开放。我们的开放，不是由于中美贸易摩擦，或者是中欧贸易的不平衡，虽然我们对欧美有比较大的顺差，但不是被迫进行进一步的开放，是要实现“两个一百年”目标，是形成我们自身新的发展动力。

我国贸易从 2001 年的第六位上升到 2016 年的第一位，都是通过开放实现的。我们要实现“两个一百年”目标，还是要继续推进改革开放，不是单纯的国内循环，而是通过更高水平的开放，促进更健康的国际国内双循环。

2018 年，美国 GDP 占全球 24%，欧盟是 18.6%，中国是 15.9%。2008 年的时候，欧盟是什么情况呢？欧盟占世界 GDP 的 25.6%，中国当时只是占 7.2%。所以，如果 2008 年和 2018 年相比，欧盟直接下降了 7 个百分点，而中国上升了 8.7 个百分点。中国在改革开放后，无论是货物贸易，还是整个 GDP 的比例都是快速上升的。

现在美国给我们提出一些新的贸易方面的要价，欧盟在经贸摩擦方面，在中欧投资协定方面提出新的要求，反映出它们心理感觉到的不平衡，某一方面可以理解。但另一方面，这也毫无道理可言。

三、继续开放服务贸易和投资更为重要

我国对美国、对欧洲的货物贸易都是顺差，但服务贸易是逆差。因此服务贸易的进一步开放是下一步应该考虑的问题。另外，现在是《中欧投资协定》非常重要的机会窗口，工作层已经谈了30多轮，技术问题基本解决了，而且仅剩下了一个多月的时间。签署《中欧投资协定》，这是一个非常重要的具有标志性的中国继续开放的重要举措。部门利益要让位于国家利益，近期利益要让位于长远利益。如果拜登上台，将协调美欧立场，要价会更高。《中欧投资协定》有可能被长期搁置。因此，我们应把握机会，实现双方领导人确定的目标，尽快完成《中欧投资协定》谈判。

中国“双循环”新发展格局与中欧经贸合作

迟福林　中国（海南）改革发展研究院院长

“后疫情时代”，面对经济全球化不确定性与确定性交织的复杂局面，中欧双方深化经贸合作、携手应对，不仅事关中国和欧盟的经济增长，而且对全球的经济复苏与全球经济增长新格局的形成都会产生重大影响。

1. 走向高水平开放是中国应对经济全球化新形势的重大选择

（1）以服务贸易为重点。当前，中国正在从过去的以货物贸易为主向以服务贸易为重点的开放转型。2014—2019 年，中国服务贸易由 3.7 万亿元人民币增长至 5.4 万亿元人民币，占比由 12.3%提高至 14.6%。

（2）以制度型开放为突出特点。从商品要素开放转向制度型开放是中国高水平开放的突出特点，即推动规则、规制、标准、管理等与国际对接。比如，中国市场准入负面清单逐年降低，2020 年全国负面清单减到 33 条，自贸试验区负面清单减至 30 条。2020 年 6 月 1 日，中国宣布建设海南自由贸易港，对标世界最高水平开放形态、打造高水平开放新高地，聚焦贸易投资自由化便利化，实行“零关税、低税率、简税制”，并将在行政、立法、司法等制度集成创新上做出与高水平开放相适应的探索。

（3）以多边双边自由贸易为重大任务。例如，高度注重中欧经贸合作，积极推动中欧投资协定谈判；积极推进中日韩经贸合作进程。

2. 中国的“双循环”发展新格局需要高水平开放的支撑

（1）中国的“双循环”要与经济转型升级紧密融合。中国的“双循环”，是建立在中国经济转型升级蕴藏巨大内需潜力这一战略基点上的。预计未来10~15年，中国服务业占比至少还有10个百分点的提升空间，生产性服务业占服务业比重还有20~30个百分点的提升空间；中国服务型消费占比至少有10~15个百分点的提升空间，到2035年左右，城乡居民服务消费占比将达到60%；中国常住人口城市化率至少还有10~15个百分点的提升空间，户籍人口城市化率至少还有20~25个百分点的提升空间。

（2）中国的“双循环”需要高水平开放的支撑。中国实行“双循环”，不是关起门来封闭运行，而是进一步推动国内规则、规制、标准与国际对接融合，使国内市场更好地适应国际市场变化，实现国际循环与国内循环顺畅联通。

（3）中国“双循环”不是政府主导，而是要深化市场化改革，走市场决定资源配置的路子。

3. 中国高水平开放与“双循环”将拓宽中欧经贸合作的空间

（1）中国消费成为中欧经贸合作的重要动力。2020年前8个月，中国网上零售额同比增长9.5%；其中实物商品网上零售额增长15.8%，占社会消费品零售总额的比重达到24.6%。中国服务型消费的巨大潜力，与欧盟具有比较优势的研发、金融、医疗、职业教育等服务业供给能力之间，具有极强的互补性，欧盟企业在华市场空间将明显加大。

（2）中国服务贸易发展对中欧经贸合作的需求增大。服务贸易是中欧经贸合作的最大潜力所在。2019 年，中国服务贸易在对外贸易中的占比为 14.6%，比全球平均水平 23.8%低 9.2 个百分点。2010 年以来中国就已经是欧盟服务出口增速最快的市场。目前，中欧服务贸易占中欧贸易总额的比重只有 14%左右。初步测算，如果中欧服务贸易占比达到当前 23.8%的全球平均水平，中欧服务贸易规模将达 1678 亿美元；如果占比达到 30%，规模将达 2115 亿美元，是当前的一倍多。

（3）中国数字经济快速增长成为中欧经贸合作的新动力。2018 年，中国数字经济占 GDP 总量的 32.9%。据测算，2030 年中国数字贸易将达到 37 万亿元人民币，是目前的 11 倍。中国与欧盟打造数字合作伙伴关系，相互加快数字经济市场开放，共同建设全球性、区域性数字经济联盟，将成为中欧合作的新动力。

中国走向高水平开放的“双循环”，将对中欧经贸合作带来积极影响。建议：探索启动中欧产业项下的自由贸易，在信息、教育、医疗、健康、文化、环保等产业项下，成熟一个推进一个；共同打造中欧经贸合作新平台，如在海南自由贸易港率先引进欧盟服务标准，打造一个高水平的中欧服务贸易合作新平台。

东亚区域经济一体化面临的新机遇、新挑战

赵晋平　国务院发展研究中心对外经济研究部原部长

区域经济合作是多边合作的重要组成部分，区域经济一体化也是开放型世界经济建设的内在需求。所以，就当前形势下东亚区域经济一体化面临的新机遇、新挑战这个问题本文将从三个方面进行阐述。

第一个观点，在贸易保护主义抬头和新冠肺炎疫情冲击的叠加影响下，全球主要国家对加快产业链、供应链调整的重视程度空前提高。而且产业链和供应链调整的区域化特征日趋明显，这为推动区域经济一体化提供了非常重要的机遇。

第二个观点，在当前全球经济大变局中，特别是美国大选之后，一个可以预见的结果是发达国家会进一步通过加快彼此之间的贸易安排，相互联手推动贸易集团化。当然，我们应该说在大多数情况下加快区域经济一体化对经济全球化的重要补充，这样的努力本来也应该说是具有积极意义的。但是问题恰恰在于，基于以往的经验可以看到，就像美国当年主导 TPP 那样，美国等发达国家主导的区域一体化进程往往具有排他性的特点，特别是把中国和主要的发展中国家排除在外甚至边缘化，所以这对于我们推动东亚经济一体化来说正在成为一种挑战。

第三个观点，区域的产业链、供应链调整背后的推手是什么？实际上并不完全是政府，而是企业，特别是企业的跨境投资。所以，我们要

适应产业链、供应链调整新的趋势和要求，如何去促进区域内相互直接投资，为投资创造一个有效的促进机制，并且推动投资的自由化，这可能是我们应该采取的关键之举。

针对上述观点，做进一步的分析。

关于第一个观点，为什么得出这个结论？实际上大家看得非常清楚，在中美经贸摩擦加剧阶段，产业链和供应链调整明显加快，比如我们看一下计算机零部件产品贸易的变化，这类产品最具全球分工生产的特征。在 2017 年到 2019 年发生了哪些变化呢？经过计算各国之间这一产品贸易占全球比重的变化不难发现：亚洲区域内贸易比重明显上升，3 年之间上升 1.7 个百分点。也就是说，亚洲国家在更多面向本地区国家出口，同时从本地区国家进口也在快速增加。这是一个供应链区域化，或者是区域内贸易比重提升的结果，就是彼此之间的经济联系实际上更加紧密，区域内贸易在对全球贸易中的占比显著提升。

我们大家研究过制度性合作的都知道，市场力量下形成的区域经济一体化，是政府主导的制度性合作有力的支撑，同时反过来倒逼区域经济一体化，特别是政府主导下的区域经济一体化。这为我们下一步推进东亚区域经济一体化带来重要的机遇。如果区域经济一体化的制度安排取得实际进展，显然会在进一步促进产业链供应链上加快区域化调整。

这样一种区域化的格局是由什么造成的呢？比如，从 1 月至 9 月的贸易结构得出，中国对东盟贸易的比重是明显上升的，对其他地区有所下降，反映的是中国企业正在进行周边区域化调整，背后的推手是由中国企业投资所带来的。比如，从 2017 年到 2019 年，中国企业在“一带一路”国家和地区的投资，特别是在东盟地区的投资显著增加，这是企业为了应对美国加征关税导致的市场变化，通过投资布局对产业链、供应链进行调整带来的结果，在新冠肺炎疫情冲击下，这种趋势更加明显。

关于第二个观点，我们要看到，在美国大选之前，正如拜登的竞选纲领所表现出的那样，未来我们可能面对的是什么呢？就是同样把中国作为重要的竞争对手和最大威胁，主张通过联合欧洲或者其他一些盟友共同对付中国，以遏制中国的成长和崛起。这就会有一种可能性，美国可能会重返 TPP、重启 TTIP，通过这些举措加强和欧洲、日本、澳大利亚、新西兰、加拿大等发达国家之间的战略合作关系。虽然英国离开了欧盟，但是正在加快和美国、日本签署贸易协定，这也是发达国家之间联手的新动向。英国甚至在 2020 年 9 月已经和 CPTPP 的 11 个成员分别进行了双边磋商，计划加入该集团。这 11 个成员在 8 月召开过会议，讨论了吸收新成员的议题，但是也提出了所谓要具有相同价值观的入围标准。我们可以看出，这样由发达国家主导的区域经济一体化实际上是具有较强的排他性，对东亚区域经济一体化，特别是对中国构成严峻的挑战。

关于第三个观点，我们从目前企业的发展需要出发，要稳定区域和全球经济，必须加强产业链和供应链合作，中国企业对周边地区的投资，客观来看形成的跨境生产网络，对支撑国内大循环主体地位、促进国内国际双循环具有积极作用，而且是联通国内国际循环的重要纽带和载体，符合新发展格局建设的长期战略目标。我们希望各国的政策，都着眼于从推进区域生产网络的需要出发，加强相互之间的合作。而且这种生产网络是在区域内各国企业相互投资基础上形成的，有利于维护地区产业链、供应链的安全稳定，能够更好地应对来自外部的风险和挑战。

2020 年 11 月 15 日，中国、日本、韩国、澳大利亚、新西兰和东盟十国共同签署了 RCEP。随着这一全球最大经济伙伴协定正式生效，将给地区各国带来巨大经济利益，进一步加快东亚区域经济一体化进程，也会对多边合作和经济全球化健康发展产生重大影响。

RCEP今后需要在以下几个方面取得新进展：一是坚持高标准自由化方向，不断提升贸易和投资自由化水平，逐步消除区域内市场准入和边境后壁垒。二是坚持开放原则，不断吸收包括发达国家在内的新成员加入，持续拓展区域经济合作贸易投资创造效应和发展空间。三是坚持包容性合作，目前的首要任务是帮助印度尽早解决遗留问题，实现RCEP发起成员大家庭的大团圆；也要为许多欠发达经济体的加入建立灵活和个性化过渡期安排，让区域经济一体化惠及更多国家。四是支持成员之间通过双边和三边等形式进一步建立标准更高的贸易安排，为全面提升自由化水平积累经验。五是要做好和多边规则的相互衔接，合力推动世贸组织改革，为实现更加开放、平衡、包容、普惠、共赢的经济全球化发挥引领和示范作用。

区域经济合作是多边合作的重要组成部分，推进区域经济一体化是建设开放型世界经济的内在需求。因此，在开放型世界经济的诸多议题中，推进区域经济一体化面临的新机遇和新挑战值得重视。

第一，受贸易保护主义和新冠肺炎疫情冲击的叠加影响，各国对维护产业链供应链安全稳定的重视程度空前提高，企业跨境投资布局的区域化特征日趋明显，为加快推进以贸易投资协定为主要形式的区域经济一体化带来新机遇。

自从美国特朗普政府挥舞贸易保护主义大棒、不断对中国等国输美商品加征关税以来，亚洲地区的产业链、供应链布局出现新变化。以计算机零部件贸易为例，2017—2019年，亚洲区域内贸易占全球比重上升了1.7个百分点，说明区域内国家正在加快从区域内采购零部件并增加面向区域内国家出口的供应链调整。其中中国从区域内进口占全球比重提高1.6个百分点，向区域内出口上升0.7个百分点，韩国也达到类似水平。产业链、供应链调整的区域化特征十分明显。这主要受美国加征关税因素的影响，新冠肺炎疫情的冲击进一步加剧了这一进程。2020 年 1—9 月，中国对东盟贸易实现增长，占比明显上升。东盟已经成为中国第一大贸易伙伴，美国等区域外市场的重要性有所降低的新变化也印证了这一点。应该看到的是，供应链调整背后推手是企业的跨境投资布局调整。前几年，中国企业对东盟等国家的直接投资实现大幅度增长，中国企业公司内贸易成为中国和东盟双边贸易实现稳定的重要支撑力量。在国际经济环境仍然十分错综复杂，贸易保护主义持续抬头的背景下，这样的趋势可能长期化。2020 年 1—9 月，在中国对外投资基本持平背景下，中国企业对“一带一路”沿线国家非金融类直接投资增长了 29.7%，占比同比上升了 4.1 个百分点，达到 16.5%，对东盟投资也实现了较大幅度增长。

市场力量推动下的产业链、供应链区域化对加强区域合作提出了新要求，也为区域各国政府提供了通过签署贸易投资协定促进区域经济一体化进程的推动力和重要新机遇。

第二，美国新政府执政之后，按照拜登竞选期间关于加强和盟友合作的政策主张，发达国家将通过贸易协定等手段相互联手，在全球经贸规则重构中发挥主导作用。

近年来，发达国家之间的双边自贸安排不断增加，成为主导区域一体化合作和经贸规则重构的主要力量。英国脱欧之后，正在谋求与美国、日本、韩国、加拿大等发达经济体签署自贸协定。2020 年 9 月，英国已经和 CPTPP 的现有 11 个成员分别进行双边磋商，即将开启正式加入该集团的谈判进程。CPTPP 在 2020 年 8 月举行的部长级会议上也讨论了所谓向其他国家开放加入申请的问题，但是其中特别强调新加入国家和现有成员要具有相同的价值观，很有可能把地缘政治因素列入其中一个入围标准。正像在过去的美国主导 TPP 谈判期间看到的那样，发达国家之间的贸易安排实际上具有较强的排他性，尤其是有意将中国等发展中国家排除在外。因此，美国政策新动向和其他发达国家的贸易安排，将会分化和干扰东亚地区各国的贸易政策，成为区域经济一体化面临的新挑战。

第三，东亚区域经济合作要把制度性合作放在突出位置，促进区域内各国相互贸易投资，形成稳定高效的区域生产网络，维护地区产业链和供应链的安全稳定。

为此建议：

一是东亚各国要加强投资领域合作，在投资促进、投资者权益保护和投资自由化方面形成更多实质性合作成果，通过促进企业扩大跨境投资，推动产业链供应链调整的区域化进程，为市场推动的区域经济一体化提供制度环境和保障。

二是加强交通物流设施领域合作，通过港口、铁路、航空、道路等交通基础设施的互联互通，构建安全、高效和畅通的物流大网络，为产业链供应链调整区域化提供有力支撑；同时要促进数字技术与硬件设施联通的相互融合，提升物流网络体系的智能化水平。

三是各国要坚持开放政策并不断改善营商环境，扩大投资准入开放领域，为企业提供更多投资机会和自由便利政策环境。

四是加快自贸协定和投资协定谈判进程，以制度、规则和法律为基础，深化区域经济一体化合作，对冲区域外自贸安排产生的贸易转移效应。

WTO 改革与规则重构

李　钢　商务部国际贸易经济合作研究院学术委员会主任

关于 WTO 改革和重构，我主要从三个方面来阐述：第一，WTO 改革到了十字路口。第二，关于 WTO 改革和规则重构实际上现在各方提出了不少的方案，但还是处在激烈的博弈中。第三，中国的原则立场以及未来的走向。

一、处于十字路口的多边贸易体系

美国特朗普政府使整个全球治理处在停顿的状态，包括退圈，退出巴黎协定、TPP、WHO 等。多边贸易体系处于十字路口，这主要有以下几个方面的原因：

第一，WTO 领导力的缺失。主要表现在美国政府无意推动 WTO 多边议程，其他国家也没有能力承担起领导责任，实际上就处在领导力的真空状态。

第二，WTO 总干事难产。WTO 决策程序中采用全体成员一致同意的规则，只要有一个成员方反对，就无法产生新的总干事。如果这种状况不改变，WTO 的任何重要议程都无法推进。大家都看到在 WTO 领导遴选中，其他国家一致推选非洲的一位候选人作为新一届总干事，但美国就是反对，并利用 WTO 协商一致规则来阻止新一任 WTO 总干事遴选工作往前推进，使 WTO 没有总干事主持 WTO 日常工作，只能通过 WTO 现有副总干事维持 WTO 日常工作，所有的重要议程都是暂停的。

第三，WTO 的权威性受到极大损害。大家知道，争端解决机制因美国阻挠无法正常运作，上诉机构成员目前只有一位中国籍大法官，候补人选均遭美国反对。我们所称的大法官，卸任后新的遴选，美国一概不同意，导致 7 位大法官现在只剩 1 位，无法维系 WTO 的权威。目前虽然有多方临时上诉仲裁安排作为替代机制运作，但与原有争端解决机制的地位与作用相比不可同日而语。

二、WTO 改革与规则重构困难重重

WTO 改革确实是非常重要的议题。WTO 成立直到 21 世纪初，实际上一直有一个 WTO+的议程，就是关于一些新规则的制定，包括 WTO 的贸易便利化协定等，有一些还在持续地推进，并且也已经生效。但是总体来看，WTO 的改革实际上是受阻的。当然有不少的机构和权威人士指出，20 世纪 WTO“旧瓶”能不能装得下 21 世纪新议题的“新酒”是存疑的。所以美国有这样的一些势力想抛开 WTO 另搞一套，甚至以退出 WTO 进行威胁，以此攻击 WTO。

美欧日方案：一是美欧日达成的一致共识与发展中国家的期待相距甚远，本身带有强烈的诸边主义色彩。美欧日共同诉求：国企、补贴、知识产权、非关税壁垒、透明度以及通报义务等。主要包括改革争端解决机制，更新规则以应对 21 世纪挑战，改善日常工作，制定新规则增强成员规制的透明度，增强服务贸易和知识产权等方面的规定，对发展中

国家分类、重新界定、分阶段给予优惠待遇等内容。二是美欧日有一致的立场，但是它们的分歧也非常大。主要包括美国对发展中国家的重新认定、针对中国、强制技术转让侵犯知识产权、利用网络盗取商业秘密、跨国投资中的技术获取等。三是新兴经济体存在分歧。发展中国家没有能力提出系统性的改革方案；新兴经济体各自主张存在严重分歧：金砖国家难以提出一致的改革倡议；新兴经济体阵营被分化：巴西宣布自身不再享有发展中国家的差别与特殊待遇。

WTO 规则重构短期难以实现。一是原有协议和规则修改遇阻。如，提高发展中国家的差别与特殊待遇的标准；将一些协议的条款从软约束变为硬约束。二是在包括货物贸易、服务贸易、与贸易有关的知识产权保护等领域变相提高标准。三是新规则制定难获广大发展中国家认同。比如，电子商务协议谈判、环境产品协议谈判等。

三、中国参与改革、重构的原则立场与未来走向

中国参与改革的原则主要包括：世贸组织改革应维护多边贸易体制核心价值，非歧视和开放是世贸组织最重要的核心价值；世贸组织应保障发展中成员的发展利益；世贸组织改革应遵循协商一致的决策机制，规则应由国际社会共同制定。中国对于 WTO 的改革主张：

一是尽快解决上诉机构成员明显受阻等紧迫问题，确保世贸组织各项功能正常运转。

二是解决规则公平问题。应解决一些发达成员过度农业补贴，纠正贸易救济措施滥用，特别是在反倾销调查中替代国做法。

三是以开放包容的精神推动世贸组织规则与时俱进，特别是在新规则制定方面应考虑大多数成员方的利益诉求。

四是应保证发展中成员的特殊与差别待遇。

五是尊重成员各自的发展模式。取消一些成员在投资安全审查和反垄断审查中对特定国家企业的歧视，纠正一些发达成员滥用出口管制措施，阻挠正常技术合作的做法。

美国要重拾其所谓“领导地位”，对此，我们既要提出系统性的改革方案，并且与发展中成员充分协商，维护广大发展中成员的根本利益，同时也要顺应时代发展要求；与美欧日各方充分磋商、沟通、交流，力争在一些关键问题上达成共识，维护好以规则为基础的多边贸易体系，共同推进改革。对于新议题也要以开放的姿态加以对待。总而言之，未来应以开放合作的姿态，与WTO各成员方一道，推动改革与规则重构取得积极进展。

4

第四编

建设更高水平开放型经济新体制

高水平对外开放与金融业的新担当

刘连舸　中国银行董事长

站在“两个一百年”的历史交汇点，我们身处世界百年未有之大变局，正面临着前所未有的新形势、新变化和新要求。

第一，新冠肺炎疫情助推逆全球化，全球贸易投资遭受严重冲击。2020年前4个月，全球新增不利自由贸易措施310项，达到2019年全年的80%以上，预计全年新增不利自由贸易措施数量将远超往年。美国、欧盟、日本等国家通过延长审批时间、扩大审查范围等方式，进一步强化外商投资审查力度。根据国际权威组织预测，2020年全球外国直接投资将下降超过30%，全球货物贸易将下降超过9%。

第二，多边贸易体制受到严峻挑战，经贸规则的排他性不断增强。单边主义、保护主义加剧了全球贸易投资治理体系的碎片化，一些经贸规则更加倾向于区域合作，全球产业链、供应链循环受阻。例如，CPTPP（全面与进步跨太平洋伙伴关系协定）针对纺织服装产品设定了“从纱开始”的原产地标准，使得纺织服装产业发展趋于区域化。

第三，新一轮技术革命蓄势待发，各国在高新技术产业链主导权的竞争更趋白热化。全球主要国家奋力争夺数字经济、5G等领域战略制高点，大国之间科技竞争日趋激烈，高技术领域的国际合作与开放受到阻遏。一些国家在核心技术和重点科技领域，不断强化对人员交流、投资准入、技术使用等方面的限制。

为应对全球形势变化，中国做出了“构建以国内大循环为主体、国内国际双循环相互促进的新发展格局”的战略抉择，为我们深刻理解和推进新形势下高水平对外开放提供了基本遵循和行动指导。

第一，以国内大循环为依托，打造互利共赢新动能。一方面，坚持扩大内需这个战略基点，通过提高城乡居民收入、优化消费环境等，进一步释放教育、医疗、体育、养老等领域消费潜力。另一方面，深化供给侧结构性改革，围绕最终需求发展产业，扩大有效投资，提高供给体系对需求变化的适应性。中国超大规模的内需市场、加快完善的产业体系和不断优化的营商环境，有利于吸引全球优质要素聚集，必将为全球经济注入强劲动力。

第二，以科技创新为驱动，构建国际竞争新格局。在疫情冲击、大国博弈等因素影响下，中国更加深刻地认识到了科技创新的极端重要性。企业界、科技界全面加大创新投入，加快从过去的引进吸收再创新，向以基础研究为核心的开放创新转变。创新对中国经济增长的驱动作用正在不断增强。这既有利于推动中国产业转型升级，也有助于畅通全球产业链、供应链，发挥技术创新的外溢性，深化科技领域的合作共赢。

第三，以扩大开放为引领，拓展国际合作新空间。中国实施高水平对外开放，推进“一带一路”、RCEP 等建设，必将进一步促进多边经贸合作，推动全球治理体系改革。经济全球化仍是历史潮流，只要有效应对，国际合作仍有巨大空间。

面对新形势、新变化、新要求，商业银行要不忘初心、主动担当，坚持新发展理念，深化金融服务创新，全面助力高水平开放和构建新发展格局。

第一，提升普惠金融、绿色金融、消费金融等重点领域服务质效，助力共同富裕、可持续发展和扩大内需。顺应居民消费升级趋势，融入教育、医疗、养老、体育等产业发展，搭建全产业链综合金融服务生态。当前，中国银行正在大力推进跨境、教育、体育、银发四个战略级场景建设，推动金融服务穿透到实体经济，打造客户拓展和业务发展新突破口。落实国家区域协调发展战略，大力支持普惠金融、民营企业、“两新一重”等领域，实施减费让利政策，促进实体经济转型升级。

第二，提升科技金融支持水平，助力科技创新发展。聚焦科创企业融资需求，加强投、贷、债联动，完善覆盖企业全生命周期的金融服务安排。转变风险管控理念，加快从传统的重抵押、重担保授信模式，转向更加注重企业发展前景、交易信息、资金动向、供应链等多维度的授信模式。深化大数据、人工智能、区块链等技术应用，不断增强数字化、智能化发展能力，精准高效响应科技企业金融需求。

第三，提升跨境金融发展能力，助力高质量“走出去”和高水平“引进来”。融入国内国际双循环大局，主动强化形势研判，综合权衡国际关系、经贸合作、业务机会、经营能力和风险合规等因素，动态优化区域业务布局。将融资与融智有机结合起来，支持外贸企业转型升级、开拓多元化市场。以供应链金融、跨境并购等为抓手，促进国际技术交流和投资合作，支持战略性新兴产业发展壮大，推动全球产业链、供应链修复畅通。

中国高水平开放的三大体制支撑

常修泽　中国宏观经济研究院教授

中国高水平概括起来就是五个字：市场、企业、人。但市场重点是要素市场；企业核心是活力企业；人的重点则是人本产权。

一、要素市场：配置改革

经过多年的发展，目前已经形成了包括七大要素在内的要素体系——劳动、土地、资本、知识、技术、管理和数据。与中国新阶段追求的高水平开放息息相关的是，要把要素市场化作为中国下一步改革或者说制度创新的重点。原因如下。

第一，改革的逻辑。

这里要把握好在中国“商品”和“要素”两个系列存在状态的区别。应当说，经过40多年的改革，现在商品市场的市场化程度已经达到97%（从这个意义上说，中国可以说是市场经济国家）。但是，要素市场的发展与商品市场的发展相比差距太大。要素市场是个“短板”，距离预期目标还有很远的路要走。

主要表现在配置格局上不合理。这个“格局”就是：一方面，权力部门利用权力掌控要素资源（而且不肯放手）；另一方面，按照党的十八届三中全会《中共中央关于全面深化改革若干重大问题的决定》关于“充分发挥市场在资源配置中的决定性作用和更好发挥政府作用”的精神，应该发挥市场在要素资源配置中的决定性作用。这就导致两者之间的矛盾相当突出。

第二，发展的逻辑，特别是人的发展逻辑。

在七大要素当中，有四个要素是与人有关的，分别是知识、技术、管理、劳动。知识与知识分子有关，技术与各类技术创新者有关，管理与3000多万个企业管理者有关，劳动更与广大劳动者有关。马克思说实现人的全面发展是“新社会的本质”。中共中央更把“人的全面发展”列为2035年的远景目标。因此，如何从人本身发展的逻辑来研究并推进要素市场化，希望能够成为引起大家关注和探讨的新视角。

要素市场化配置改革如何推进？既然是市场化配置，就要充分发挥市场在资源配置中的决定性作用和更好发挥政府作用。

以生产要素中的数据要素为例，从战略上看，数据是重要的战略资源，是基础性资源，是与先进生产力紧密联系的要素，现在似乎对它重视得不够。海南建设自由贸易港，就要做到生产要素自由流动，其中应该包括数据要素自由流动。外商投资者到海南来投资，政府应该为企业创造一个适宜的数据供给环境。当然，涉及“国家安全”以及“公民隐私”的数据除外。除了这两条“高压线”以外，其他的数据要素要逐步实现自由流通。在这方面，国家有关方面应制定专门的外商投资企业数据法规或条例，以保障数据要素的流通。

如果把海南自由贸易港引进的外商投资者比喻为“海鱼”，那么“海鱼”来了之后我们就要给它提供相应的“海水”环境；不然，不是“海水”而是“淡水”，请问：那“海鱼”怎么生存，怎么发展？当然，如有专家说的在一段时间内，“海鱼”所需的“海水”可以与其他“鱼”

的“淡水”两者并存，但我主张：等到若干年自由贸易港取得突破时，应该把海南的河水也变成海水。这就叫国际化营商环境。

此外，从国际化营商环境的大格局出发，还有个开拓和发展管理要素（企业家）市场的问题。

马克思说“一个单独的提琴手是自己指挥自己，一个乐队就需要一个乐队指挥”。在现代企业中没有这样“一个乐队指挥”是不可能正常营商的。从这个意义上说，企业家市场是不可或缺的，尽管此事比较复杂，但仍需探索创建。

在要素市场化的同时，也应配套推进某些其他资源的市场化。例如，不仅包括土地资源，建议矿产资源的探矿权、采矿权也实行“招拍挂”制度。同时建议全面推进各类“公共工程承包经营权”配置的市场化。

二、活力企业：三线突破

中国高水平开放的另一个重要体制支撑是充满活力的企业——包括国有企业、民营企业和各种类型的混合所有制企业，需要三线突破：

第一条线：国资和国企改革需要突破。

2019 年底，在我国 3858 万户各类企业中，虽然国有企业的个数并不太多，但在国民经济中发挥着举足轻重的作用。适应国际化、市场化和信息化的新需要，应加快国有企业改革步伐。

这里，我们的眼睛是从宏观上盯住“国有资本”布局还是从微观上盯住“国有企业”运行？我认为，第一位的是针对现在国有经济布局不合理问题，“加快国有经济布局优化和结构调整”，以落实党的十九大的精神，“做强做优做大国有资本”。

至于具体的国有企业，则要结合不同地区、不同行业，具体问题具体分析。例如，东北地区国有企业共7076家（2016年会计报表），净资产1.1万亿元，另银行贷款1.7万亿元，合起来总资产是2.8万亿元，营业收入5816亿元，而最后创造的利润竟然是-52.7亿元。

鉴于客观情况的千差万别，我一直主张区别对待：对于优质的国有企业，需要继续三做；但对于“僵尸”企业则要采取稳妥办法有序退出；对于中间型国企，则应推动尽快转型升级。在改革中，特别要深化国有企业混合所有制改革。

与国资布局调整和国企产权改革相适应，必须推进某些传统垄断性行业（如能源、铁路、电信、公用事业等）竞争性环节的市场化改革。这是国资和国企改革的重头戏之一。

第二条线：民营企业发展需要突破。

民营经济是中国对外开放的一支重要经济力量。截至2019年末，全国民营企业超过3000万家。在2010年出版的《产权人本共进论》一书中，提出过“共同基础论”，即“国有经济和民营经济是相得益彰、共同发展的”，它们都是中国的“经济基础”。2013年10月，在党的十八届三中全会之前，出版了《包容性改革论——中国新阶段全面改革的新思维》，在书中强调“民营经济发展理论和模式需要有重大突破”，其中第一个突破点就是确立“共同经济基础论”，并对此系统阐发。主张产权制度创新要“包容国有与民营共同发展”。

基于这个想法，在中国高水平开放的新形势下，要用“两只眼睛”观察中国所有制格局，一只眼睛看“经济流量指标”，一只眼睛看“资产存量指标”。

虽然民营经济总量规模较大，但如同国有经济一样，也存在发展不平衡不充分的问题。以东北为例，总的来看三省民营经济不发达，2020年公布的全国民营经济500强中，黑龙江只有1家，吉林只有2家，辽宁也只有8家（而浙江一个省就达96家）。因此，中共中央2016年发布的关于东北振兴的7号文件，明确提出东北地区“民营经济要做大做强”的指示，是符合东北实际的，必须继续坚持。

第三条线：混合所有制经济发展需要突破。

必须端正对混合所有制经济的认识。党的十八届三中全会决定指出，“国有资本、集体资本、非公有资本等交叉持股、相互融合的混合所有制经济是基本经济制度的重要实现形式”。把“混合所有制经济”与“我国基本经济制度”对立起来、割裂开来是完全错误的。

按照共中十八届三中全会决定的精神，混合所有制是推动“国有资本、集体资本、非公有资本等交叉持股、相互融合”，我理解，这里的“产权多元化”是“异质产权多元化”。目前一部分国企搞“同质产权多元化”不是不可以（也要包容）但要明确，国有企业混改“异质产权多元化”是主旋律，“同质产权多元化”只是协奏曲而已。

在民营企业和国有企业“混改”过程中，应大胆实行“企业员工持股”，建立企业利益共同体。这属于所有制结构的制度创新，它将会进一步激发企业的活力。员工持股，给每个持股者自身都安上一部“马达”，把企业命运和个人命运牢牢拴在一起，这就能产生内在活力。华为制度创新的探索精神值得借鉴。在民企参与混合所有制改革中，要特别注意不要搞成“第二次公私合营”。

三、人本产权的价值实现

中国高水平开放的根本体制支撑在“人”，在人的积极性、创造性和价值实现。中国社会特别是社会底层的人，蕴藏着很大的创新潜力。现在的问题是，面对未来中国经济和社会发展，我们的理论，我们的政策，怎样把这些潜力释放出来，而不是相反。

如何促进人本产权价值的实现？

我们要“从广义上”来把握产权，不再局限于企业产权制度，而称“现代产权制度”。当然，企业层面还是讲企业产权，但是作为一个国家，在宏观上应该着眼于现代产权制度。在范围上，除了大家当时熟悉的物权、债权、股权和知识产权之外，特别提出人本产权，就是把劳动者的劳权和管理者的管权，纳入产权的范围。报告有一句话“使要素产权体系完整化”。在我看来，有产权的不都是要素，但是，凡是要素都有产权。我们今天讨论要素市场化配置，此处所谓市场化配置实质是产权配置，即要素的产权配置。

我认为，对职务发明的成果产权应一分为二，一部分给公家，另一部分给创新者个人。但实践中职务发明成果产权分割很复杂，问题也很严重。应尽快健全职务科技成果产权制度，推进科技成果使用权、处置权和收益权改革。国家已经在9个省开展“赋予”科研人员职务科技成果所有权或长期使用权的试点。要加快推动职务产权的试点。

最后，我要强调，人力资本的产权不是别人赋予的，而是自身有的。作为知识技术创新者，作为劳动力的所有者，作为企业管理者，他的人本产权是内在的。

推动建立共赢的新时代经贸秩序

张燕玲　中国人民大学重阳金融研究院高级研究员

从“一带一路”数字经济、跨境电商规则走起，是顺应国际形势剧变的选择。

当今国际形势，科技革命腾飞，国际治理主体多元化导致利益多元化，美国及其主要盟友在全球治理方面孤立、打压中国，攻击中国倡导的“一带一路”，甚至利用高科技另搞一套，另起国际的治理炉灶，以继续控制全世界，我们必须要有所警惕，并且要脚踏实地地行动。

本文主要阐述两个观点：一是面对西方对“一带一路”的误读，我们应该着手与“一带一路”国家建立贸易畅通的制度体系，完善公开透明的多边治理框架。我们要把它做成一个非常好的治理的框架拿出来，清晰、公开、透明。二是利用跨境电商推广数字货币、区块链这些金融科技，建立统一平台，推动“一带一路”贸易数字化的发展。

众所周知，尽管全球银行间通信系统（SWIFT）是总部在比利时的私人机构，但一直被美国把持，美国可以用它来获取信息，制裁其他国家，或者不让某国来使用SWIFT，如伊朗。现在美国还要通过区块链系统切入式的监管手段获取全球支付信息，正是因为美国知道，现在SWIFT不是银行间结算的唯一通道，欧盟搞了一个，它们认为“一带一路”中国也有这样的支付系统。另外美国更知道，美元不再是各国争先需要的硬通货，在经常项下的货物贸易支付占比不到六成。有人形容这个信号意味着“新型货币战争开启新数字经济竞争”或“新的数字货币战争正在打响”。因此本文提示两个观点：一是着手与“一带一路”国家抓紧建立“贸易畅通”的规则制度，完善公开透明的多边治理框架；二是利用跨境电商推广数字货币、区块链等金融科技，建立统一平台，推动“一带一路”贸易数字化发展。

2019 年 11 月底，金融行动特别工作组（FATF）提出 16 号建议：旅行规则（Travel Rule）就是对传统银行监管技术加上新型监管手段。

传统的银行监管技术是用大数据、云平台、人工智能的监管科技，使用 KYC（了解你的客户），AML（反洗钱）的技术，这些技术在国内外现在都已经使用了很久，技术也很高超。当前正在研究的新型监管科技是基于区块链和传统监管科技合并的新手段，是分布式的、网络化的。这个网络是新型网络，上面有一个监管网，下面监管着价值网，所有资金都能受到监控。

我们的目的是向世界宣告，中国主张的国际化是构建以合作共赢为核心的新型国际关系，形成人类命运共同体和利益共同体，构建一个更合理、公正、共赢的新时代国际秩序。

之所以要从跨境电商谈起是因为电子商务是时代进步在贸易领域的业态创新，跨境电商已成为国际贸易新业态，简约、高效、规范，并使中小企业能够方便参与其中，应纳入“一带一路”合作的优先选项，特别是疫情期间的防疫物资。跨境电商是实体经济，是国际国内双循环的枢纽，它连接着生产链、资金链、运输链……最重要的是信息流、物流、资金流同步是跨境电商顺利进行的保证，跨境电商涉及数字货币、供应链、区块链技术的应用，所以国际组织实际上早已捷足先登。

WTO 和全球贸易融资组织发布的国际贸易区块链项目分类报告指

出：区块链贸易创新项目在全球范围内正日益成熟。该报告表示，从国际贸易的角度来看区块链（分布式的账本技术），一方面可以提供高透明度，还可以简化贸易文件、流程以及数据的安全交换和监控。

区块链支付已经成为重要的趋势，根据区块链初创公司（Ripple）《2020 支付中的区块链报告：从采用到增长》显示：全球 5 个地区（北美、欧洲、中东和非洲、拉丁美洲和亚太地区）对区块链和加密货币的熟悉度高达 82%~94%，数字资产正越来越多地被认为可为支付提供便利，尤其是在与区块链技术结合的情况下。

2020 年 4 月，Libra 2.0“弃币保链、平台战争”，放弃数字货币取代法币（Digital Dollarization）主义，帮助国家建立稳定币和数字法币，使其在 Libra 2.0 平台运行，希望成为世界数字货币平台霸主；以（开发智能合约）生态建设新（数字）金融体系。

不到一年时间，美国数字货币 Libra、区块链飞速、迅猛发展。2020 年 10 月 15 日，美国政府公布了《国家关键技术和新兴技术战略》，列举了 20 个国家安全重要科技，区块链就在其中。它们正在进行用现代科技、数字经济、区块链技术的全球科技监管系统对全球反洗钱、反恐怖融资进行监控，以达到控制全球资金流动。

认真落实“十四五”时期我国经济社会发展重点任务，顺利推行“一带一路”建设，与“一带一路”国家分享数字经济、金融科技的成果，更好地推进人民币国际化，打破美元再一次垄断。任务艰巨，时不我待。

创新离岸国际货币金融制度体系

肖　耿　北京大学汇丰商学院教授

一、中国香港与新加坡如何创新离岸国际金融制度体系

从全球货币金融秩序的角度来看，也需要考虑发展多边关系，特别是多元国际储备货币体系。目前美元是具有主导地位的国际储备货币，但是中国及其他一些国家和地区在美元体系内有相当大的地缘政治风险，因为美国可以通过其长臂管辖霸权将美元体系武器化。这就导致中国和其他美国地缘政治的竞争对手不得不发展非美元的国际计价、交易、结算及储备货币体系。

中国香港和新加坡，作为最成功的自由贸易港，有相对比较国际化的开放的国际金融中心。可以设想，如果中国香港和新加坡能够都使用与 IMF 一篮子货币 SDR 挂钩的开放超主权货币体系，亚洲就可以形成一个具有竞争性的超主权国际货币生态环境。这个虽然不容易实现，但是应该提到研究探讨的日程上来。

目前新加坡是用一篮子货币，但其权重不公开。港币则和美元挂钩，但中国香港有三家发钞行，它们遵守的发钞票规则是一样的，即都是与

美元挂钩。港币未来如果与 IMF 一篮子货币 SDR 挂钩的话，对其经济金融监管体系的影响是有限的，主要影响在港币与美元的汇率会有些波动，但中国香港未来与人民币、欧元、日元及英镑区的经贸互动整体上会逐渐超过与美元区的互动。

如果亚洲有两个国际金融中心使用不同的货币，但都是与 IMF 一篮子货币 SDR 挂钩，这就有意思了。具体来说，如果新加坡和中国香港同时都把自己的货币体系稍作改变，都与 IMF 一篮子货币 SDR 挂钩（目前美元占约 40%，欧元占约 30%，人民币、日元、英镑各占约 10%），这两个全球最顶尖的离岸国际金融中心就可以有良性竞争，发行几乎同样的货币，鼓励全球贸易、资本及大众商品市场都用遵循同样规则的但是基于世界主要主权货币的一个相对中立、稳定、有充足流动性的超主权衍生货币体系。基于这两个自由贸易港及离岸国际金融中心在亚洲具有的巨大影响力，它们的合作与竞争会促进未来全球金融秩序的良性演化，减少美元滥用时对全球经济、贸易及投资的影响。

新加坡和中国香港的货币体系在未来的数字化变革以后，应该可以很容易辐射到整个亚洲。例如，中国香港的货币金融体系也可以延伸到粤港澳大湾区、海南自贸港以及中国大陆的其他自贸片区。这就使亚洲在金融方面形成一个非常主动、动态的制度创新激励机制，为亚洲及全球提供非常具有竞争力、非常透明和公开的、对于全球金融秩序可能产生巨大贡献的货币与金融公共基础设施。因为新加坡一直希望在中美之间保持中立，而港币曾经与英镑挂钩，后来与美元挂钩，将来也可以与 IMF 一篮子货币 SDR 挂钩。中国香港与新加坡也都具有所有开放金融平台的条件，包括普通法和很好的金融市场监管体系。目前在亚洲，有清迈倡议，主要谈的都还是双边的货币互换机制。也有人提出来，亚洲是不是可以有一个共同的货币，但我觉得没有必要，未来亚洲的经济体量可能会占到世界的60%，亚洲应该提出一个比较平衡中立可以被全世界接受的货币金融体系，作为我们对世界的一个巨大贡献。

二、货币是监管的载体及金融市场的基础设施

货币是一个载体，这个载体会帮助监管各类金融市场。新加坡和中国香港作为两个高度发达的离岸国际金融中心，具有非常相似的金融监管体系，能够互相良性竞争。如果它们的货币都与IMF一篮子货币SDR挂钩，其他国家可以选择用新加坡货币或者是港币及其背后的金融监管与市场，而不需要过多担心汇率的影响。这种良性竞争与合作的国际生态环境将非常有利于保持美元及欧元目前占主导的格局，也会帮助英镑及日元的稳定，更有助于人民币在短时间内稳步国际化，对“一带一路”倡议、RCEP、CPTPP等多边关系的稳定与发展也是一个非常重要的金融基础设施建设。特别是对服务业来讲，未来数字货币竞争的时候，如果能够有一些统一的标准，发展会更快、更稳、更公平，我认为是非常好的。

新加坡和中国香港都是典型的离岸经济金融中心，我将它们的货币金融体系定义为“海水或咸水”，而在整个亚洲及全球有很多大国，都有自己的货币金融体系，可以称为“河水或淡水”，例如中国大陆、印尼、马来西亚的国内金融体系就是“河水或淡水”系统。但是为了做离岸国际贸易与投资，为了做多边的跨境交易，需要用到“海水或咸水”的离岸服务。新加坡和中国香港提供的就是全球化的离岸国际金融基础设施及监管体系。

三、亚洲需要为全球的货币金融制度建设做贡献

由于历史的原因，中国香港与新加坡两个城市跟全世界主要的大国都有密切的联系。香港离中国大陆更近，而新加坡与东盟及美国联系更密切，如果合作，中国香港和新加坡一起朝着统一的货币标准演化，并与各个主要主权国家自己的货币金融体系平行运作，这会极大地促进全球经济与金融的融合、互补及集成。对未来全球可持续和平发展功德无量。

我们看到很多的贸易协议都太复杂，但最终，企业与家庭需要做的事情是签贸易、投资及消费合约。签合约之后就是要支付，这时就必须用到货币金融体系。如果是跨境及离岸活动，就必须用到类似港币、新币、美元、欧元及人民币系统。与 IMF 一篮子货币 SDR 挂钩的港币与新币，将更稳定、更中立、更可持续，也就更便利未来的跨境贸易和投资。

以上这些比较创新的思路最难的是创造用户，也就是流动性。美元具有独霸的流动性优势，但中国大陆却是最有可能提出以上创新的国家，因为中国大陆背后有巨大的市场及潜在流动性。如果中国大陆支持这个思路，就有可能充分发挥中国香港、新加坡及其他一些世界级国际化开放城市的潜在优势，来相互合作与竞争，最终营造一个更好的离岸国际金融制度生态环境。这将惠及每一个城市，惠及中国大陆，更惠及全世界。

构建适应高水平开放的金融开放规则

王方宏　中国银行海南金融研究院资深研究员

中央“十四五”规划建议提出“实行高水平对外开放”。高水平开放的一个重要方面就是在商品流动型开放、要素流动型开放的基础上，加快规则制度型开放。金融开放在经济开放中的地位日趋重要。资本流动推动商品贸易、技术转移、人才流动、数据互通，经济全球化在很大程度上是资本全球流动、全球配置的结果。构建高标准的金融开放规则既是“十四五”规划“建设更高水平开放型经济新体制”的重要内容，也是提升我国在全球经贸规则重构中的话语权的重要手段。构建适应高水平开放的金融开放规则，要注重以下几个方面：

一、扩大区域性多边双边自由贸易“朋友圈”

现在世界多边自贸体制遇到挑战的情况下，主要发达经济体主导的全球区域性贸易协定对全球规则的影响越来越大。我国需要加快参与区域性多边协定的步伐，推动 RCEP 协定签署，研究加入 CPTPP 的可行性，主动融入高标准经贸规则。同时，加快推动中日韩自贸区，与以色列、挪威、巴拿马等自贸协定和中国—欧盟投资协定等的谈判，扩大自贸“朋友圈”，更大范围地参与和影响金融开放规则。

二、对标高标准自贸协定提高金融协定开放水平

金融开放可以分为自主开放和通过自贸协定开放。自贸协定开放目前已经形成两个共识：一是从正面清单转成负面清单；二是要对标高标准高水平的自贸协定，比如 TPP。

在这方面需要关注几点：一是要关注清单的透明度。因为 TPP 中每一条金融服务不符措施的表述是非常具体的，要有法律依据、具体描述和很高的透明度标准，包括现在不符措施和未来不符措施。我国目前自主制定的外商投资准入负面清单仅是对现有限制措施的简要描述。二是负面清单的范围。TPP 关于金融服务的负面清单集中在业务范围、外资股比，高管层和董事会成员的国际、本国特殊金融机构的优惠等方面。前两方面也是我国金融协定开放关注的领域，但是后两方面在我国的协定开放中没有涉及。三是金融跨境贸易。随着金融服务日益线上化，跨境交付越来越重要。TPP 在这方面采取“正面清单+负面清单”的方式，各缔约方既以正面清单对金融跨境贸易条款适用的范围进行了说明，也以不符措施的方式列出了限制的内容。四是隐性壁垒。TPP 金融服务不符措施中，美国、澳大利亚和加拿大都有一条，“所有区域性级别政府的现有不符措施”，由于这些国家（尤其是美国）各地（各州）的法律存在很大的差异性，外资进入时就会遇到障碍。五是对特定金融机构或项目的特殊支持。在 TPP 中，无论是美国、加拿大、新加坡等发达国家，还是马来西亚、墨西哥、越南等发展中国家，都有一条不符措施，基于本国法律给予承担普惠性、基础性功能的金融机构以特殊的补贴或优惠。

三、注重金融自主开放与协定开放的协调性

我国金融自主开放力度远超协定开放，2018 年以来，我国宣布了 50 多条金融开放措施，覆盖了外资金融机构的外资股比、业务范围、股东资质、资本市场互联互通等各个方面。取消银行、证券、基金、期货、人身险等领域外资股比限制，大幅放宽业务范围限制，取消 QFII 和 RQFII 投资额度限制等。同时，在外商投资准入负面清单中，金融业的措施逐步减少，2020 年版已经下降为零。

要注重自主开放与协定开放的协调性。要将自主开放的政策转化为法律法规，为金融协定开放谈判提供依据。同时要关注自主开放政策与自贸协定中金融开放承诺的一致性，提高我国在自贸协定谈判中的主动性。比如，虽然我国的外商投资准入负面清单上没有金融业的限制措施，但并不意味着我国金融业已经完全开放。

四、加快货币领域的开放安排

一方面，大国货币领域的制度安排是全球金融规则的重要组成部分，货币领域的开放包括汇率安排、货币可兑换和国际化、清算基础设施等方面，是全球金融规则的重要组成部分，对全球资本流动有着重要影响。

另一方面，我国货币领域开放规则的影响力日益增强，人民币汇率已经形成以市场供求为基础、参考一篮子货币进行调节、有管理的浮动汇率制度，市场化水平和弹性显著提高。人民币已经实现经常项目可兑换，虽然资本项目可兑换程度与美国、日本等还有不小的差距，但是沪港通、债券通、QFII 等为外资进入中国资本市场提供了新通道。人民币

跨境使用规模不断创出新高，形成了中国香港、新加坡等多个离岸人民币市场，产品线日益丰富，人民币跨境清算设施日益完善。

五、加快完善国内金融法律法规

金融开放必须坚持法治化原则，我们在自主开放的一些政策要转化为法律法规。特别是在给外资金融机构国民待遇后，完善审慎监管法律法规，提升风险防控水平。要以国内法律影响国际规则，一国金融市场的规模和开放程度，决定了国内规则被接受的广泛程度，相当部分国际规则是大国国内规则的影响。同时，需要完善的国内法律作为负面清单管理的依据。负面清单管理基础是国内法律法规。比如，TPP 要求各缔约方提出的每一项金融服务不符措施都要有国内法律法规依据，并且强调透明度，要求清楚列示。并且，通过国内立法明确对特定金融机构或项目的特殊支持。

以更高水平开放推进产业链现代化

新　望　中制智库理事长

“十四五”规划建议提出“实行高水平对外开放，开拓合作共赢新局面”，并强调“建设更高水平开放型经济新体制”。从制造业的角度，如何认识新时期的高水平对外开放？如何在高水平开放中“推进产业基础高级化、产业链现代化”？其难点重点又在哪里？这是未来中国制造由大变强必须回答的课题。

一、新发展格局是高水平开放的格局

以国内大循环为主体、国内国际双循环相互促进的新发展格局提出后，有些人认为国际经济大循环已经结束了。对此，习近平总书记在第三届中国国际进口博览会开幕式上的主旨演讲中强调，新发展格局“决不是封闭的国内循环，而是更加开放的国内国际双循环”，“中国开放的大门不会关闭，只会越开越大”。我们认为，尽管国际经济大循环的动能有所弱化，畅通性有所降低，但国际经济大循环仍然是客观存在，只不过现在的新格局又在“国际经济大循环”之前加上了“国内经济大循环”。

对“双循环”的解读，应当仔细把握“双”和“循环”的深刻含义。以超大内需启动国内市场，以供给侧改革疏通卡点，建立强大内循环，然后，达到内循环与外循环的相互促进，达到内循环与外循环的相互循环。一些学者和媒体，单独把“内循环”拎出来，是有失偏颇的。譬如“内循环时代”“从外循环走向内循环”等说法就有问题。个别地方省市将“内循环为主体”层层传达、层层落实，将大循环变成小循环，更是犯了教条主义的错误。

过去40多年，中国经济实力、科技实力、综合国力跃上新台阶，这是在开放条件下取得的。下一步，我们有了更高的目标，从高速度发展转向高质量发展，从全面小康跨入基本现代化，从“第一个百年”目标到“第二个百年”目标，需要打造国际合作和国际竞争的新优势，需要更高水平的开放，需要更加顺畅的内外大循环。

二、中国市场将是开放的世界市场

畅通国内市场，以内循环吸引外循环，这是新发展格局的题中应有之义。以往我们有“中国制造”“中国基建”“中国电商”，新格局之下，我们还需要“中国市场”。在“中国制造”的基础上打造“中国市场”，使中国从“世界工厂”逐步成为“世界市场”。未来的世界工厂有可能是分散的，比如墨西哥、越南、印度等，但能成为世界市场的只有中国。市场是当今世界最稀缺的资源，中国有14亿人口，其中有4亿中产，内需市场与美国相当，潜力甚至超过美国。建设世界市场，一个必要的前提是更高水平、更大程度的对外开放。

推动我国从贸易大国走向贸易强国，从世界工厂成为世界市场，需要更高水平的开放平台。近年来，一批高层次开放、高水平服务的产业园区正在成长，工业体系完整的规模效应正在转换为聚集效应，极大提升了中国制造业集群在全球产业链的竞争力。上海自由贸易试验区、海南自由贸易港等21个自由贸易试验区（港），在全国铺开。一批开放高地的试点经验将在各地得到复制推广。广交会、服贸会、进博会等贸易投资平台功能，进一步提高了利用国际国内两个市场进行优化资源配置的能力和效率。

三、制度型开放是产业链重构的制高点

近年来，经济全球化遭遇逆风倒流，经贸摩擦加剧，一些国家“退群”“脱钩”，保护主义和单边主义盛行。但从长远看，人性是共通的，人类是休戚与共的命运共同体。大流行病防控、网络安全、太空安全、极端天气应对，都需要国际合作。各国利益高度融合、互利共赢是长期趋势。经济全球化虽然有所迟滞，但仍是历史大潮流。

当然，全球化也面临着规则重构的新问题。“十四五”规划建议提出，中国将在修订国际规则上下功夫，“积极参与数字领域国际规则和标准制定”“参与全球经济治理体系改革”。中国应当在坚定不移维护经济全球化的同时，倡导改善旧的贸易组织及规则缺陷，团结一切国际力量，取得最大公约数，推动建设开放型世界经济体系。

全世界正处在新一轮数字经济推动的全球化前夕。由移动互联、人工智能、大数据、区块链新一代技术主导的全球化将是更加广泛、更加深入、更加彻底的全球化，可以称作超级全球化。我们正面临一个不确定的世界，而不确定性中唯一的确定性，就是数字化，要站在历史潮流正确的一边，拥抱新一轮数字全球化。全球贸易摩擦、原有的全球贸易组织和规则面临重塑，这些都可以看作新一轮数字全球化的主导权之争，规则之争。

数字技术革命处于即将取得突破的关键时期。一切皆终端，无处不入口。天地乃数据，万物可互联。中国的消费互联网在全球首屈一指，由消费互联网、工业互联网组成的产业互联网，有可能导致新的产业革命，出现真正意义上的产业链现代化。科技创新、商业创新、社会创新，也必然要求制度创新、规则创新。

中国在此轮全球化中已经走在前列，我们还希望与包括美国在内的世界各国共同建立起数字全球化时代新的规则。新规则的建立依赖于全世界共同认可的基本价值，东方和合智慧为我们参与数字全球化共同规则的修订，提供了极大的可能性和包容性。

四、以开放的营商环境增强产业链韧性

2020 年下半年以来，中国进出口和投资逆势增长。原因何在？除了中国经济一枝独秀，各国对中进口猛增以外，也与中国放宽外商投资、缩减负面清单有关。2020 年 1 月 1 日《外商投资法》和《优化营商环境条例》的实施，为外商在华利益提供了更强有力的保障。2020 年 7 月，世界银行发布《中国优化营商环境的成功经验——改革驱动力与未来改革机遇》专题报告指出，“中国在优化营商环境方面取得了史无前例的成就”。

然而，建设市场化、法治化、国际化的营商环境，还有许多空间。现在有一种说法，我们开始主动改革了，以开放倒逼改革已经结束了。实际上，要建设国际化的营商环境，对内资的促进作用更大。例如，有外商投资法，未来要建设一个国际化、平等化的营商环境，也应该有内商投资法，使国内民营经济也能够得到普惠待遇。

微观市场主体活力在优化供给体系中处于核心地位，提高产业链水

平，增强产业链韧性，最终还是靠各类大中小企业来承载。释放市场主体活力，让市场的创造性不断迸发出来，这是提高产业链水平的长远之策、根本之策。要依法平等保护产权，包容民营企业的创新，为企业家捕捉新需求、发展新技术、研发新产品、创造新模式提供良好环境。

只有发挥好对内对外政策组合效应，外资和内资协调、进口与出口并重，才能增强国内国际两个市场、两种资源的黏合度，才能加快实现由商品和要素流动型开放向规则国际平等化开放的转变，形成强劲和有韧性的具有国际竞争力的产业链、供应链。

五、在开放与合作中把握产业链安全

全球经济不时出现黑天鹅事件，世界各国越来越重视产业安全。但开放并不天然等于不安全，开放的反面是封闭。一个封闭经济体则无安全可言，反而只有停滞的风险。提升产业链水平，必须始终坚持以全球视野推动全球开放和全球合作，在开放与合作中求安全。

风险永远都在，主要看是否可控。越是面临封锁，越不能搞自我封闭、自我隔绝，而是要推动各类创新要素在全球范围内充分流动和优化配置，形成你中有我、我中有你、优势互补、合作共赢的局面。要在动态中寻求安全，寓安全于合作。只有这样，才有利于我国产业链保持国际前沿水平，最大限度提升国内大循环的效率和水平，使产业链更具活力，也更安全可靠。

各国都在追求产业安全，但没有一个国家愿意把自己封闭起来，什么都是自己做；没有一个国家愿意把自己排除在国际科学新发现、技术新发明、产业新方向之外；更没有一个国家愿意把国内产业链与全球创新链隔离开来。加入全球创新链的产业链是最安全的产业链。从源头创新来加强国际产业安全合作，是真正的产业安全之路。

在全球产业链分工当中，中国仍然处在中下游，而要往中上游走，必须开放。如果没有高水平的对外开放，甚至都不知道自己到底是处在上游还是下游。中国制造业仍然处在追赶阶段，是制造大国，还不是制造强国。中国制造要追赶的领域还有很多，后发优势并没有完全得到释放，类似于高铁的集合式创新还有很大空间。“十四五”时期，一方面加强自主核心技术攻关，努力实现尖端技术突破；另一方面仍要坚持积极开展国际合作，融入全球产业链，形成产业链内循环与外循环深度融合。

六、以教育和科技的开放创新支撑高端制造

制造业大致有三种分类：传统制造业、先进制造业、高端制造业。高端制造业如飞机发动机、工业软件、芯片等都高度依赖于研发，依赖于科技教育，尤其依赖于高等教育和基础科学研究，华为 5G 就是成功的典范。总体上，国内企业研发水平起点低、研发费用比重低，而最有可能成为研发重头的国有企业和央企没有这样的机制。比如人力资本价值的衡量问题。能将科技转化为现实生产力的人才，是介于科学家、工程师、企业家之间的稀缺人才，人力资本价值较高，在现有体制内很难定价。而教育、科技，由于考核导向和内外部政策配套缺陷，也不能有效支撑高端制造。一些所谓的“卡脖子”领域，其实并不是别人要卡我们，是我们自己的基础研发存在短板。

产业基础由低级到高级，高级到何种程度，取决于科技和教育实力。高端制造之所以高端，是因为产业的细分化，而细分领域不是事先发现的，不是按图索骥的，是企业家科学家研究创新出来的。要强化国家战

略科技力量，发展高端制造业，需要将科学家精神、企业家精神和工匠精神相结合，鼓励自由探索和合理质疑，注重从 0 到 1 的原始创新。

新一轮科技革命和产业变革，是创新链和产业链的有效融合，必须切实提升自主创新能力。但自主创新是在开放环境下的创新，不是关起门来搞创新，自主创新不是自我创新。要处理好自主创新与开放创新的关系，处理好举国体制与创新主体的关系。可以参考自贸区（港）试点政策，针对大数据、云计算、人工智能等重点领域，在科技教育界大胆探索新的更高水平开放平台和载体。

以制度型开放深化服务业市场化改革

迟福林　中国（海南）改革发展研究院院长

以高水平开放促进深层次市场化改革，重在推动商品和要素流动型开放向规则等制度型开放转变。制度型开放有两个突出特点：其一，改革与开放的内在统一。扩大开放的重点向国内规则、标准等层面延伸，使开放与改革直接融合。其二，促进深层次市场化改革。规则、标准等对接，将使服务业市场开放、竞争政策基础性地位等关键性、基础性深层次体制机制改革取得重要突破，推动建立高标准市场经济体系。

一、深化服务业市场化改革既是国内市场与国际市场的连接点，又是开放与改革的连接点

1. 深化服务业市场化改革既是释放巨大内需潜力的重点，也是释放服务贸易优势以赢得国际合作竞争新优势的关键。首先，我国服务消费的快速增长及由此带来的新兴消费市场的扩大，是我国释放内需、赢得主动的关键。2019 年，我国居民人均服务消费增长 12.6%，高出居民整体消费增速 4.0 个百分点，占比提高到 45.9%。预计到 2025 年，我国居民服务消费占比将达到 52%～55%，由此将释放数万亿元的消费潜力。此外，服务贸易开始成为全球自由贸易以及全球经贸规则重构的重点、

焦点。2010—2019 年，全球服务贸易年均名义增长是货物贸易增速的 2 倍。未来几年，释放 14 亿人不断升级的消费需求，参与国际合作和竞争，关键在于服务消费释放和服务贸易发展，在于加快推进服务业市场化改革进程。

2. 深化服务业市场化改革既是推进高水平开放的重大举措，也是深化市场化改革的重大任务。一方面，我国正由制造业领域为主的开放向服务领域为重点的开放转变。另一方面，服务业领域成为深化市场化改革的突出短板。以《市场准入负面清单（2019 年版）》为例，服务业领域禁止性措施 106 项，占比 73. 1%；服务业领域限制性措施 90 项，占比 71. 4%。对比国际，尤其是发达国家，我国服务业限制指数仍然较高。为此，深化服务业市场化改革，推动服务业对内对外开放，成为统筹推进高水平开放与深化市场化改革的重大任务。

3. 以制度型开放深化服务业市场化改革既是应对变局的主动之举，也是开拓新局的主动之举。一方面，深化服务业市场化改革是立足 14 亿人内需大市场，牢牢把握“中国消费”的巨大潜力，形成应对变局的坚实基础与战略优势。另一方面，服务业市场化改革既涉及市场准入制度，更涉及公平竞争制度、市场监管制度及规则、规制、管理、标准等方面的制度性、结构性安排，其复杂程度与敏感程度远超制造业。推动服务业领域的制度型开放，加快服务贸易发展，是面对经济全球化严峻挑战、开拓自由贸易发展新局面的重要条件和竞争优势。

二、以制度型开放深化服务业市场化改革的当务之急是形成公开市场、公平竞争的市场环境

1. 打破社会资本进入服务业的各类有形和无形壁垒，全面实现服务

领域的平等竞争。随着我国市场准入负面清单的不断完善，社会资本进入服务业的门槛正在逐步降低。但从实践中看，社会资本进入服务业，在服务领域开展平等竞争，仍面临着某些体制性障碍。例如，由于体制内外人才等政策的差异，民营教育、医疗等服务业企业的活力远未释放。打破不合理政策体制对社会资本的束缚，尽快实现体制内外服务业企业政策平等，以充分发挥社会资本在服务业市场的重要作用。

2. 以产业政策转型促进服务业市场化改革。随着市场经济体制建立，产业政策与经济转型升级趋势不相适应的矛盾日益突出，并由此带来某些不公平竞争及抑制创新等负面效果。以通信为例，有关研究表明，我国通信的基础性成本，比某些发达国家高出1~2倍。其原因除了资源禀赋外，也与产业政策直接相关的行政性垄断所导致的竞争不足、效率不高直接相关。深化服务业市场化改革，需要强化竞争政策的基础性地位，并由此实现产业政策转型。例如，尽快修订《反垄断法》，将竞争政策以及相应的公平竞争审查制度、反行政垄断制度纳入《反垄断法》；大幅减少产业补贴与扶持项目，以竞争政策为基础加快推进产业政策转型，并用竞争政策有效协调产业政策及相关经济政策。

3. 充分发挥科技革命对深化服务业市场化改革的推动作用。在5G、人工智能等新技术驱动下，数字经济等将带来新的业态，推动产业变革与社会变革。据麦肯锡测算，疫情期间线上消费所增加的每1个单位，61%为替代原有需求，39%为新增需求。当前，我国服务业与数字经济融合水平仍比较低。2019年，我国服务业数字经济增加值占行业增加值的比重仅为37.8%，与发达国家接近60%的水平相比还有较大差距。从过去几年的实践看，一方面，科技革命和数字经济充满不确定性，不能机械地理解“只有管得住，才能放得开”，要鼓励新业态先发展后规范、边发展边规范。另一方面，要充分利用科技革命推动服务领域的市场开放。比如，过去几年，我国金融领域的市场开放与金融科技创新直接相关。要以制度型开放深化服务业市场改革，要以更大的市场开放鼓励和支持服务业数字化转型与创新，并充分利用科技革命的成果，推动服务领域监管变革。

三、以制度型开放深化服务业市场化改革，关键是推进规则、规制、管理、标准等与国际对接

1. 规则、规制、管理、标准等不完善成为深化服务业市场化改革的突出掣肘。近年来，我国服务业对内对外开放进程明显加快。但客观看，服务领域的制度性、结构性安排，无论是规则、规制、标准还是管理能力建设，都相对滞后。例如，在电商平台不断做大的背景下，市场份额是不是判定新经济垄断的重要指标？如何判定新经济的垄断和不正当竞争？如何避免用“旧制度管理新经济”？这些都是需要深入研究的重大课题。

2. 以规则、规制、管理、标准等在国际对接中形成倒逼服务业市场化改革的压力。“非禁即入+过程监管”是高水平市场经济的基本做法，也是高标准经贸规则的基本要求。推进服务业市场开放，需要在大幅放宽市场准入的同时，最大限度地取消准入后限制，建立既准入又准营的服务业企业管理规则，并带动监管模式、监管体制的系统性变革。2019年，我国出境旅行服务（旅游、留学、就医等）消费1.7万亿元人民币。释放服务消费潜力，需要尽快在广大居民急需的领域引入国际现代服务业管理标准，在倒逼国内服务业企业转型的同时，明显提升服务行业监管的现代化水平。

3. 在医疗健康领域引入国际管理与标准，推动这些领域的制度型开

放。适应疫情冲击下国内医疗健康消费回流及全社会日益增加的医疗健康需求，要加快引进国际现代医疗药品管理标准，使国内居民不出国门就可以享受到国际先进的医疗健康服务。例如，实行单向认可清单制度，符合清单内国家或地区标准的药品与医疗器械可自动获得认证，无须开展临床试验直接使用，逐步实现已经上市但未达到新标的药品退市；允许符合当地标准且高于我国现行标准的服务业企业、具备相关职业资格的人员，经备案审核后直接开展相关经营与业务活动。

实现高水平经济发展与创新

洛克特 诺丁汉大学商学院（中国）院长

基于我对中国的研究以及在中国的工作经历，中国在过去 300 年里，从一个非常落后的国家发展成如今取得很多成就的大国，回顾历史可以看到中国已经赶上了世界水平，且又一次站在世界的前沿。下图为中国人口以及国内生产总值在世界的占比，从图中可以直观地看到中国这 300 年里的变化。

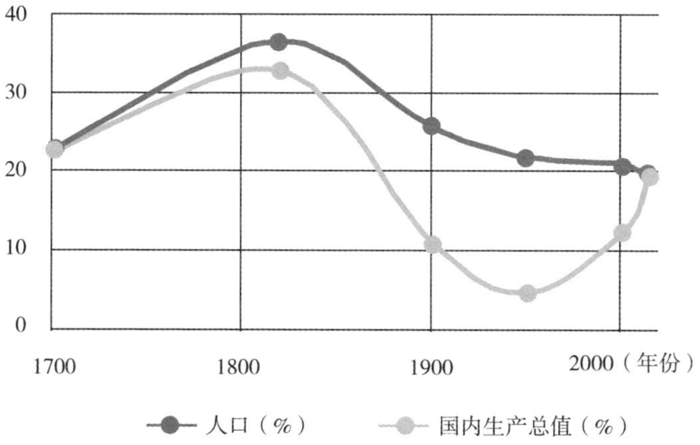

从 18 世纪到 19 世纪中国的人口和 GDP 都在稳定有序地上升。从 19 世纪中叶至 20 世纪中期，中国的人口和 GDP 都在逐步下降，但从 20 世纪中叶至今，中国的人口和 GDP 已然逐步上升。这说明中国的增长模式已经发生了改变，从过去的粗放型生产向集约型生产发展。过去的粗放型生产更多注重的是增加投入，尤其是劳动、资本和自然资源方面的投入。在集约型生产方式中，更加注重的是投入要素，如技能、科技和组织等。

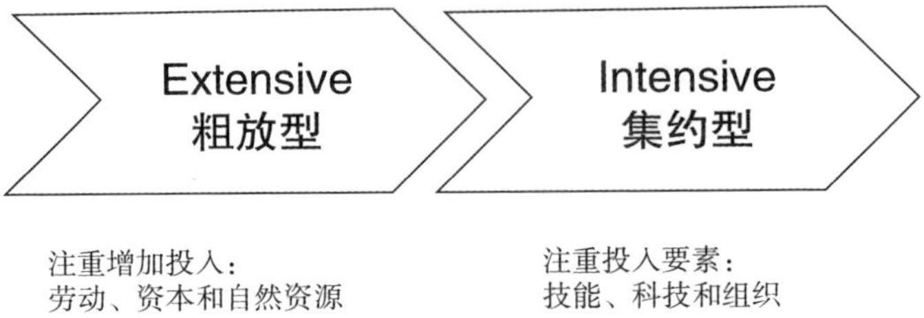

一、创新的定义

创新的定义到底是什么？创新就是将机会转化为新想法并在实践中实施这些想法的过程。在创新过程中，可以从四个维度来进行阐述：第一个维度是新产品和服务。在创新过程中，人们探索如何不断增强产品和服务的多功能性、易用性和可靠性。第二个维度是改善流程，如何用更低的成本得到更快的生产和更高的质量。第三个维度是额外的市场，不断探索更多渠道，触及更多新客户群体。第四个维度是转变商业模式，不断鼓励新兴产业重塑网络。

二、创新过程中遇到的挑战

创新过程中会遇到很多挑战，很多人都会谈到的一个问题是：如何避免中等收入陷阱。

目前来看，创新和以下几大因素有十分密切的关系，虽然中国现在面临很多的挑战和压力，但这并不是一成不变的不利条件，因为不利条件也可以转化成机遇。从全球范围来看，科技升级和安全技术是非常重要的。在进行科技升级的过程当中，一方面要不断进行科技创新，另一方面也要考虑如何用科技来打造一个更加安全的环境。所以创新也可以在生产力提升、劳动力技能向服务行业转型以及设计思维等方面做更多的尝试。根据麦肯锡 2018 年的调研，发现在领先公司中，顶级设计为公司的增速做了很大的贡献，为公司的增速提高了 32%，为股东的回报率提高了 56%，这是中国可以借鉴的地方。

避免中等收入陷阱

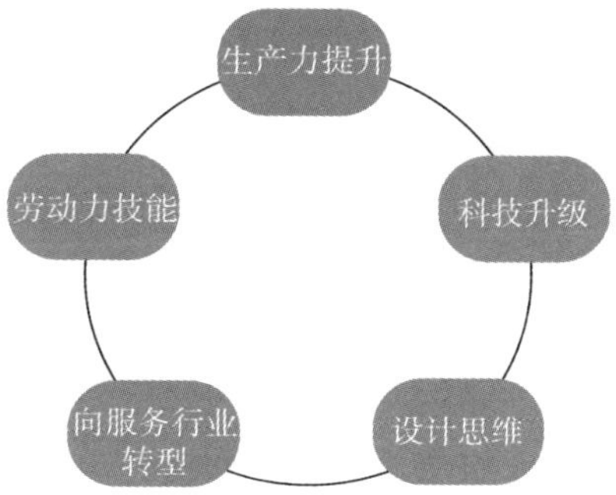

三、创新过程中的隐性要素

目前，中国进行创新过程当中，不但要关注那些可见的挑战，同时也要看到一些隐性的要素，它可以为中国创新做出更多的贡献。

在创新过程中，要不断增强领导力，以客户为中心，广泛涉及部门之间的互联。同时，也要提供一个开放式的沟通和信息共享，所以要密切和政府、市场、客户之间的关系，这样才能知道彼此的需求点在哪里。现在中国的双循环新型发展模式非常重要，它强调国内循环与国外循环。在我们考虑领导力在创新中所起到的作用时，还有一个重要的问题是关于文化的转变，这个文化的模式分为命令式和提问式。在很多企业文化当中，可能会有一种比较传统的模式，即雇员想方设法要让自己的上司感到高兴，可是我们在团队的工作当中，强调的是团队精神，要平等地对待每个人，只有这样才能形成很好的合力，因此沟通交流非常重要。这不是以一个自上而下的命令式的方式进行运作，如果要想得到更好的互动方式，自上而下这种传统文化特点方式是需要改变的。

中国在过去40多年里发生了很大的变化，也取得了非常大的成就，现在中国进入了一个新的发展时期，虽然面临很多挑战，但是也有非常多的机遇。在创新过程中，它不单是技术方面的机遇，同时在制造业、服务、设计方面都有非常大的附加值机会，至关重要的是创新性的领导力，而不只是技术的提高。

5

第五编

构建高水平社会主义市场经济体制

“十四五”必须坚持市场化改革的方向

彭　森　中国经济体制改革研究会会长

第一，“十四五”中国改革必须在更高的起点、更高的层次、更高的目标再出发。

2020 年，世界风云变幻、云谲波诡，国内的形势也是错综复杂、充满了风险和挑战。在党中央的领导下，我们抗击疫情取得了重大的战略成果。与此同时，中央又出台了一系列市场化改革的重要措施：如 4 月出台了 9 号文件，即关于推进要素市场化配置体制机制的意见。5 月又出台了 10 号文件，即关于进一步完善社会主义市场经济体制的意见。6 月出台了建设海南自贸港的实施意见。9 月自贸区扩围，进一步扩大到北京、安徽、湖南三个省市。10 月召开深圳经济特区建立 40 周年庆祝大会，中央批复了深圳构建社会主义现行示范区的实施意见。这一连串的深化改革的政策为什么密集出台？力度前所未有！

强调市场化改革再出发，主要有两个原因。首先，改革再出发是面对百年未有之大变局的重大决策。中央对百年未有之大变局的判断讲了两年，但是 2020 年情况更加特殊，特别是全球的疫情暴发，全球大变局在世界经济、政治、文化、安全等方面的深刻大变革、大调整进一步的演进，给我们提出了更多的挑战。其次，世界经济深度地衰退，供应链、价值链、产业链的非经济因素受阻中断，包括全球的贸易投资大幅度下降，都给中国稳定发展提出了很大的难题。特别是中美关系出现了自由落体式的急剧恶化，这将是“十四五”以至很长一段时间我们必须面对的最大挑战和不确定性。在这种情况下，我想中国的根本出路还是深化改革、专注发展，办好中国自己的事情。

第二，“十四五”必须坚持市场化改革方向。

首先，我们要区别一般意义上的改革和市场化改革，这是不一样的两个概念。党的十九大报告专门强调，要坚持社会主义市场经济改革方向。一般意义的改革是为了解放生产力、发展生产力，通过调整和变革生产关系和上层建筑达到目的。但是市场化改革讲的就是要改计划经济体制，改变资源配置方式，以政府为主通过计划配置，变成发挥市场在资源配置中的决定作用，这是最重要的。

其次，市场化改革到目前虽然取得了很大进展，但是问题还是很多。我们国家目前的市场体系还不健全，政府与市场的关系尚未理顺，市场决定资源配置的范围有限，政府对微观经济的干预过多，等等。

最后，特别要指出的就是，我们在思想领域、意识形态方面始终存在对于姓社和姓资的争论，对于改革模式始终存在一些不同看法，这些问题还是在干扰着我们的政策制定和落实。这些问题的存在说明，无论是在实践上还是理论上，市场化的改革还远远没有完成。我们要以只争朝夕的精神在今后的一个或者两个五年计划里把市场化改革完成，一定要加快市场化改革的步伐。一般的改革永远在路上，发展无止境，改革亦无止境。但是市场化改革不能无止境地拖下去。

第三，“十四五”时期市场化改革目标的核心是正确处理政府与市场的关系。

“十四五”规划建议当中明确提出 12 条任务，其中第四条就是全面深化改革，构建高水平的社会主义市场经济体制。对“十四五”期间改革的具体任务文件在阐述六大目标时做了一个描述，就是市场经济体制更加完善，高标准市场体系基本建成，产权制度改革的要素市场化配置取得更大进程，高水平对外开放型经济新体制更加健全。具体目标很多，最根本的一条还是要在“十四五”期间构建高水平的社会主义市场经济体制，这是一个总目标。完成这个总目标，最核心的任务还是处理好政府和市场的关系，这也是改革40多年来最重要的、贯彻始终的核心性关键问题。这一问题的本质是在资源配置过程当中，到底是市场发挥决定作用，还是政府发挥决定作用。理论和实践证明，市场配置资源是最有效率的形式，市场经济本质上就是市场决定资源配置的经济。所以，要完成这样的任务，解决好政府和市场的关系，最根本的是建立起两个基本制度。一个是社会主义基本经济制度，这涉及“两个毫不动摇”，民营经济的发展非常重要。说到底还是要真正实现党的十八大讲的各类市场主体、各种所有制形式，真正能够在中国平等地使用生产要素，公平地参加市场竞争，同等受到法律保护。在执行过程中，要解决政府对市场过度的和不当的干预，主要是地方保护、封锁、行业垄断禁入、歧视性产业政策、国有企业的不当补贴等。通过这些基础制度的建立，真正做到在市场能够高效配置资源的领域、在市场机制可以有效调节的事项上，让企业成为真正的市场主体、成为资源要素配置的主体。同时，加快政府职能转变，最大限度地减少政府对市场资源的直接配置和对微观经济活动的直接干预，主要维护公平竞争的市场秩序和环境，完善宏观经济治理，更好发挥政府的作用。

第四，“十四五”时期改革的重点任务。

“十四五”时期，改革要在产权制度改革和要素市场化配置改革方面取得重大进展。

现代产权制度是市场经济的基石。健全归属清晰、权责明确、保护严格、流转顺畅的现代产权制度，是提振市场信心、激发市场活力的基本保障。产权制度改革，一方面要健全各种所有制经济产权制度，包括国有产权制度、非公经济产权保护制度、农村集体产权制度和居民财产制度。另一方面要加强对知识产权创造、运用、交易、保护等一系列活动的制度供给和保障。更为重要的是，加强以公平为原则的产权保护力度，对各类所有制的经济主体一视同仁，平等保护民营经济产权与合法权益。

要素市场化配置是关键性基础性的重大改革任务，也是市场化改革成效的关键。其实质是真正突破阻碍要素自由流动的体制机制障碍，实现资源配置方式的优化和创新。要根据不同要素属性、市场化程度差异和新时代经济社会发展需要，构建更加完善的要素市场化配置体制机制，实现要素价格市场决定、流动自主有序、配置高效公平。

“十四五”期间，在土地要素市场化配置方面，要全面推开农村土地征收制度改革，建立城乡统一的建设用地市场，实现农村集体经营性建设用地与国有土地同等入市、同价同权；要充分运用市场机制盘活存量土地和低效用地，深化农村宅基地制度改革试点；要改革土地计划管理制度，探索全国性建设用地指标跨地区交易机制。通过积极推进土地制度改革，为促进城乡融合发展、加快形成强大国内市场和需求，构建新发展格局提供新的动力源。

在劳动力要素市场化配置方面，要重点突破户籍、所有制等身份差异对劳动力要素自由流动、市场化配置的制度障碍，着力引导劳动力要素合理畅通有序流动；进一步放开除个别超大城市外的城市落户限制，试行以经常居住地登记户口的制度，在城市群内探索户口通迁、居住证互认制度，建立城镇教育、就业创业、医疗养老等基本公共服务与常住人口挂钩机制；依法纠正身份、性别等就业歧视现象，保障城乡劳动力享有平等就业权利。

在资本要素市场化方面，要加快建立规范、透明、开放、有活力、有韧性的资本市场，推动以信息披露为核心的股票发行注册制，完善强制退市和主动退市制度；加快发展债券市场，探索实行公司信用类债券发行注册管理制；推动资本向创造价值的优质企业流动，解决经济脱实向虚，实现金融和实体经济良性循环。

在技术要素市场化配置方面，重点是健全职务科技成果产权制度，完善科技创新资源配置方式，促进技术要素与资本要素融合发展；继续探索国际科技合作新模式，坚持扩大科技领域对外开放。在数据要素市场化配置方面，要加快培育数据要素市场，建立数据资源清单管理机制，完善数据权属界定和交易流通的标准和措施，提升社会数据资源价值；推进政府数据开放共享，加快数据资源整合，依法保护个人信息。

以更有韧性的对外开放推动高质量市场体系建设

刘世锦　中国发展研究基金会副理事长

一、我们需要更有韧性、更高水平的对外开放

关于“双循环”的新发展格局，有一种担心，以国内大循环为主体是不是对外开放就要后退？中央决策层讲得很清楚，不会后退而是要更高水平的对外开放。这种高水平主要表现为五个特点。

1. 适应不同国家和地区市场变化的开放。现在中美关系处在一个空前困难的状态。美国要跟中国脱钩，我们要看到美国之外的世界，欧洲、东盟、“一带一路”国家或地区。就美国本身来讲，远不是铁板一块，看看美国的大选就知道。中国和美国的 GDP 加起来为全球经济总量的 40%，中美不合作，要脱钩，势必会影响全球经济稳定，全球化也不会有前途。所以，中美最终还是要走向合作。

2. 适应全球化结构性、周期性变化的开放。过去我们对全球化进程的结构性矛盾重视不够。很大程度上特朗普上台就是利用了全球化的结构性矛盾，这次美国大选，投特朗普票的是人均 GDP 在美国排在最后几名的那几个州。我们要正视这个矛盾，提高对外开放对结构性、周期性

变化的适应性，但是大的趋势不会变。

3. 更有韧性和弹性、更具抗冲击性的开放。提高对外开放的韧性和弹性，使开放更具抗冲击性，这样我们才能长时期地持续坚持开放。

4. 基于负面清单的制度规则型开放。基于负面清单，是说开放是常态，不开放是例外，而且要有制度规则的保障。

5. 能够维护和引领全球化长期发展的方向。这些年大家都在给全球化大唱赞歌，原因很简单，全球化促进了更多国家的经济建设。而现在全球化遇到困难了，任正非先生曾经提供的一张照片，一架飞机弹孔累累还要往前飞。现在是真正考验你对全球化信还是不信的时期。我们要理性地看待全球化，对全球化要有信心，这样才能站到历史正确的一边。

二、讲好中国故事的前提是讲对中国故事

中国现在面临的环境比较复杂。国际上有一种声音或者潮流，想把中国描述成苏联一样的国家。一个简单的事实，苏联能产生像中国这样的发展奇迹吗？不可能的。国际社会到底怎样理解中国的发展，要看我们怎样讲中国故事。讲好的前提是讲对。这方面有些问题要把道理说清楚。比如，中国取得如此之大的发展奇迹，主要是依靠传统的国有企业，还是坚持并改革包括国有企业在内的公有制经济，放手发展多种非公有制经济，民营经济已经起到“五六七八九”的作用；主要是依靠产业政策和补贴，还是市场在资源配置中发挥决定性的作用。

在中国特色和世界潮流关系上，我们的着眼点是放在“同”还是“异”上。每个国家的发展都有自己的特色，中国有五千年文明，一定更有自己的特色，但更重要的是把自己的特色融入世界潮流。我们搞全球化就是拥抱世界潮流，所以，我们还是要求同存异，强调求大同存小异。

这些年来我们一直强调实事求是，解放思想，不守旧、不僵化，社会的开放性逐步增强，自我调整、变革的能力逐步增强。正因为如此，中国才能正视落后，推动改革开放，大踏步地赶上世界潮流，加快经济社会的现代化历史进程。

三、在全球市场经济建设和竞争中发挥引领作用

全球化是全球市场体系的发展，是不同经济体市场体系之间的竞争。中国是全球化的受益者、倡导者、维护者，在全球市场体系发展竞争中，不能落到后面，也不能满足挤在中间，应当站到前列，占据制高点，起引领作用。

在对外开放中采取更有前瞻性和冲击力的举措，如对外贸易的“三个零”这张牌还得打出来，即“零关税、零壁垒、零补贴”。这件事做起来很难，可能需要很长时间，但是，这个制高点不能放弃，这样我们在国际博弈中就能取得主动。应努力争取第二次“入世”，我们已经签署 RCEP，正在积极考虑加入 CPTPP。通过加入较高水平区域合作组织，形成制度规则性开放的新格局。在国际谈判中会涉及的一些难点和焦点问题，比如打破行政性垄断、公平竞争、保护产权特别是知识产权、国资国企改革、产业政策转型、改革补贴制度、转变政府职能、维护劳动者权益、保护生态环境和绿色发展等，这些问题不是别人要我们改，而是我们自身主动要改。这样就可以通过高水平的对外开放促进相关领域深化改革，加快建设高标准的市场体系。

“十四五”围绕发展任务需重点推进三大改革

郑新立　中国城镇化促进会常务副主席

“十四五”时期是我们跨越中等收入陷阱的一个爬坡阶段，发展的任务非常艰巨。必须围绕发展任务大力推进三个方面的改革：一是围绕乡村振兴推进农村土地制度改革，实现城乡要素平等交换、双向流动，建立城乡融合发展体制机制。二是围绕增强企业技术创新能力，深化国资国企改革，完善企业产权结构和分配制度。三是围绕打破美国政府对我国的封锁，扩大实施高水平的对外开放。

一、围绕实现乡村振兴，建立城乡融合发展体制机制

要推进城乡要素平等交换、双向流动，加快培育农民合作社、家庭农场等新型农业经营主体，发展多种形式的适度规模经营。健全城乡统一的建设用地市场，积极探索农村集体经营性建设用地入市制度。探索宅基地的所有权、资格权、使用权分置实现形式。保障进城落户农民土地承包权、宅基地使用权、集体收益分配权，鼓励依法自愿有偿转让。

乡村振兴需要有大量资金投入。怎么能够吸引社会资金投入，关键是找到吸引资金的平台，即土地。2015 年 4 月 30 日，习近平总书记提出要实现城乡居民基本权益平等化、城乡居民收入均衡化、城乡公共服

务均等化、城乡要素配置合理化、城乡产业发展融合化。实现这“五化”，是城乡融合发展的目标和要求。

2019 年 5 月 5 日印发的《中共中央国务院关于建立健全城乡融合发展体制机制和政策体系的意见》，对农村土地制度改革有了重大突破，提出“三个允许入市”：一是允许集体经营性建设用地入市；二是允许就地入市和异地调节入市；三是允许把农民自愿有偿退出的宅基地和集体公益性建设用地改变为集体经营性建设用地入市。落实这三个允许入市，实现农村房地产的市场化、商品化，农民凭借有偿退出农村房地产就可以获得财产性收入，就能把农村闲置的经营性建设用地主要是闲置的宅基地盘活，把蛰伏的资源潜能激发出来。

2020 年 4 月 1 日开始实施的《土地管理法》规定：农村经营性建设用地的使用权归村民委员会，70%以上的村民表决通过即可依法依规决定如何使用，上级政府不得干预。现有的土地征用制度是从农民那里以低价征用过来，经过几通一平之后招拍挂，价格上涨了几十倍，甚至几百倍，对农民的补偿不到土地收益的 10%；70%左右由政府拿去搞市政建设；20%左右被开发商赚走。2020 年上半年，有一个沿海省的财政一般预算收入 8000 亿元，基金收入 1.1 万亿元，基金收入中 1 万亿元是土地批租的收入，土地批租的收入超过了财政收入。靠批租土地的收入补充财政支出的状况不能再继续下去了。农民土地改革这步棋一走活，全盘皆活。现有的中央文件和法律已经为农村土地改革提供了保障，关键在落实。把农村经营性建设用地作为一个平台，吸引大量社会资金投入到农业现代化、新农村建设、农民工市民化和特色小镇建设，实现乡村振兴就不发愁资金来源了。实现乡村振兴，农村 5 亿多人口就会发生一个大的结构性变化，土地实现适度规模化、现代化经营，剩余劳动力可以进一步转移到城市，主要从事服务业，特别是社区从业人员现在比例还比较低，一些发达国家社区从业人员占全社会从业人员的比例达到50%以上，所以社区将来是农民进城以后转移就业的一个最大空间。现在老龄化已经到来，来势很猛，社区养老、机构养老、居家养老都需要一个完善的服务体系，需要大量服务人员。通过建立城乡融合发展体制的改革，为农村富余劳动力提供新的就业门路，加快农村现代化步伐，将会形成“十四五”时期经济社会发展的最大的新动能。干好这件事，不需要技术创新，只需要体制创新，就能够把增长的巨大潜力释放出来。

二、围绕提高企业技术创新能力深化国资国企改革

华为公司是我国自主创新能力最强的一家公司。华为创新能力来自什么地方？主要是来自所有制形式和分配方式。它的所有制形式是员工持股，是劳动者资本联合和劳动联合相结合的股份合作制企业，18 万员工中有 8 万人持股。员工持股以后就会注重企业的长远发展，所以每年能够拿出销售收入的 15%以上搞研发，2019 年研发投入超过 1000 亿元。一个公司能够把这么多资金投入到技术创新之中，就能做到攻无不克。在分配方式上，75%按劳分配，25%按资分配，这样的分配比例有利于使分配向第一线倾斜。所以，我们需要深化国企改革，通过创办一批员工持股的混合所有制公司，培育一批像华为这样的创新型企业，在各个行业发挥领军作用，进而解决技术创新能力不足的问题，才能打赢中美科技战。

三、围绕打破美国政府对我国的封锁，进一步扩大开放

美国对中国的打压、孤立、封锁政策在短期内都不会改变，可以预

见的是，未来中国会面临更加严峻的外部环境。为了打破封锁，必须扩大开放。要进一步开放市场，吸引国外先进制造业和服务业企业进入，办好自由贸易试验区、自由贸易港。重点向欧洲和“一带一路”沿线国家和地区开放，同时稳步推进人民币国际化。

紧紧抓住这三个方面的改革，释放三个方面的巨大增长潜能，实现“十四五”的发展目标是完全有条件的。

提升劳动力要素市场化配置水平

宋晓梧　中国经济体制改革研究会原会长

劳动力在各生产要素中是最为活跃的，土地、资本等要素只有通过劳动力要素才能激活与运转。技术、数据以及管理要素等，可以视为复杂劳动的派生产物。因此，提高劳动力的市场化配置水平，对经济社会发展水平具有极其重要的意义。有专家谈到，一些传统生产要素的重要性下降了，技术、数据等新生产要素的重要性上升了。我认为，在现代经济社会生活中，只能说是简单劳动的作用下降了，但是复杂劳动的作用并未下降，因为技术、管理和数据都是复杂劳动的结晶。

针对当前劳动力要素配置存在的主要问题，《关于构建更加完善的要素市场化配置体制机制的意见》提出了“两个畅通”：

一是畅通落户渠道。“探索推动在长三角、珠三角等城市群率先实现户籍准入年限同城化累计互认”“放开放宽除个别超大城市外的城市落户限制，试行以经常居住地登记户口制度”“建立城镇教育、就业创业、医疗卫生等基本公共服务与常住人口挂钩机制，推动公共资源按常住人口规模配置”。10 多年前，中改院课题组就提出在“十二五”期间让农民工成为历史的建议。尽快让农民工市民化，从而让农民工这个词成为历史，是中国工业化、城镇化的客观要求，但近年来这项工作推进过于缓慢。落实畅通落户渠道这一文件精神，对于加快农民工市民化进程，推进以人为本的新型城镇化建设，建立城乡统一的劳动力市场具有重大意义。

二是畅通职称评审渠道，完善职称评审制度。文件提出“以职业能力为核心制定职业标准，畅通非公有制经济组织、社会组织、自由职业专业技术人员职称申报渠道”“推进社会化职称评审”。这对于进一步激励高素质劳动力的创造性，进一步激发非公有制经济组织、社会组织和自由职业者的积极性，都具有重大意义。

针对当前技术要素配置存在的主要问题，《意见》提出了“两个激活”：

一是激活技术产权激励。“深化科技成果使用权、处置权和收益权改革，开展赋予科研人员职务科技成果所有权或长期使用权试点”，并行推进职务成果“三权”改革和所有权改革试点。

二是激活中介服务活力，培养一批技术转移机构和技术经理人。“支持科技企业与高校、科研机构合作建立技术研发中心、产业研究院、中试基地等新型研发机构”“积极推进科研院所分类改革，加快推进应用技术类科研院所市场化、企业化发展”“建立国家技术转移人才培养体系”。此外，《意见》还提出“开展创新要素跨境便利流动试点，发展离岸创新创业，探索推动外籍科学家领衔承担政府支持科技项目”。这对于疏通科研成果转化途径，形成市场化、社会化的科技成果评价体系，发挥企业的创新主体作用，同时构建国家技术创新体系，进一步拓宽国际科技交流具有重大意义，是我国经济社会步入创新发展阶段的重大举措。

知识产权保护不仅是中美谈判以及国际贸易中的大问题，对于我们自己来说也是一个重要的问题。比如一些靠着一项技术专利发展起来的企业特别是民营企业经常遇到“山寨”困局。如果不解决好产权保护的问题，就很难推动技术创新。知识产权保护不仅是国际贸易问题，也关系到我国技术要素的持续健康发展。

把数据作为一种生产要素单独列出，反映了互联网大数据时代的特征，也是《意见》的理论创新。目前，我国国民经济核算体系，更多的是为国家的宏观调控提供数据依据和参考。从经济社会全面治理的角度看，很多基础数据目前尚不完善，既缺乏官方权威的统计分析，也缺乏社会智库的数据分析支撑。此外，数据作为现代经济社会治理的基础平台，其权利体系尚不够完善。例如，在数据的密级层级设置及公民的个人隐私保护方面还不尽完善，如何在数据保密及隐私保护的前提下进一步拓展数据的开发利用更有待进一步研究。《意见》针对这些问题，提出要建立健全数据权利体系等一系列政策措施，对于探索建立统一的数据标准规范、支持构建多领域数据开发利用场景，全面提升数据要素价值具有重大现实意义。

除此之外，有专家谈到要素的市场化配置不仅仅是经济发展的内在逻辑，也是人的权利，是公民权利发展的必然要求。这在劳动力要素方面表现最突出。劳动力作为一种生产要素可以归入经济学分析范畴，但劳动力，无论体力、脑力，永远附着在劳动者身上，而劳动者不仅是社会人还有其政治属性。具体说，农民工市民化并不仅仅是提升内需的问题，更是一国公民享有平等社会权利的进步。技术要素、数据要素，作为劳动力要素的派生产物，同样具有鲜明的公民权利要求。知识产权就是对创造新技术成果的公民给予法律保护。在数据的市场化配置方面，如何把发挥数据要素的巨大经济潜力与保护公民个人隐私权利协调起来，还是一个新问题。现实生活中，网络诈骗花样翻新，层出不穷，经常出现利用数据特别是互联网技术侵犯个人隐私的情形。在这方面还有很大需要进一步探索的空间。

最后，关于劳动力要素的众多问题在《意见》中并没有涉及。比如劳动力的价格，工资是调节劳动力流向的关键因素；又如对劳动力的保障，如何完善社会保障体系当前存在很大争论；再如对劳动力的保护，安全生产方面形势还是很严峻的。此外就是劳动力要素市场化配置是作为单个劳动者的配置还是作为有组织的方式配置。例如劳动力的供给方与劳动力的需求方，以工会与雇主组织集体协商的方式在国家法律框架内达成具体的劳动合同契约。发达国家在原始积累阶段，工人就是以个体人的形式和资本结合一起；工会力量强大了以后就变成有组织的现代劳动力市场，形成了集体谈判机制。互联网、新经济的发展，又使得劳动契约关系发生了深刻的变化。在社会主义市场经济条件下，怎么处理好集体谈判是一个很重要的问题。一般来说，集体谈判中的劳动者三权包括组织权、谈判权、罢工权。当然，这些问题不必要也不可能在一个行政性文件中展开，但我们研究要素的市场化配置应当涉及。

至于管理要素，我觉得应该对企业家的管理要素进行重点研究，尤其是保护、激励企业家创业、创新精神。我们搞计划经济的时候也是政企不分，企业管理被行政管理所取代。这是我们进一步研究要素市场配置需要关注的问题。

未来一个时期就业和人口问题

许善达　国家税务总局原副局长

关于就业的问题，国家统计局关于各个经济性质的就业数量的统计，从2013年开始，国有企业每年都有相当规模的投资，但是就业人数总量是减少的。其中原因主要有两个。

一是过去国有企业有很多冗员，必须等到他们退休才能离开岗位。最近这个时期退休的人员比较多，本来这些人在企业就不需要他们干什么活。二是国有企业总量比较大。企业都在发展科技创新，科技创新就会减少劳动力的岗位，需要用机器替代人提高效率、提高质量，这方面科技创新的效果也发挥得很好。全国大概有80万台机器人，一台机器人至少可以替换2.5~3个劳动力。每年国有企业投资规模这么大，但每年的就业岗位是减少的。

一个统计数据是民营的企业和个体户。这两个类别每年的投资和就业人数都是增长的，按照近几年测算的平均值，民营企业的投资增加一个就业岗位大体上需要100万元的投资，个体户增加一个就业岗位需要8万元投资。这是我们今后一段时间的事，不是短期的事。从2013年开始就出现了这样的格局，我们现在要搞高质量发展、高科技发展，对于大型企业来说，包括大型民营企业，科技的发展肯定会减少其吸收就业岗位，但是发展质量会提高。民营资本的投资和个体户的投资是我们解决就业岗位的主要领域，平均一个就业岗位需要40万~50万元的投资。那劳动力供给有多少呢？最近出现两个信息，一个信息是过去劳动密集型企业里就业的职工，这些企业有的关闭了，有的外迁了。所以很多职工失去了原来的岗位。现在国家鼓励返乡创业和就业，我们看到一个数字，返乡的人数大于返乡以后创业或者是就业的人数。

根据农业部专家的计算，100亩大田，两个劳动力就够；如果是塑料大棚，而且是比较高级的塑料大棚，1亩地也就需要两个劳动力。但是，总的来说，我们国家大田是最主要的农作物的成长方式。

现在长江以北、长城以南（华北地区），有一个金沙河农业合作社，这个合作社发展了3万亩地。由于它们实现了我国先进的农业生产力，实现了3万亩地每亩地的两季产量超过1吨，就是小麦和玉米各超过1000斤。但是，一个职业农民可以负责400~500亩的地。所以，按照大田的作业，如果应用了现在我们国家既有的农业生产力，这个农业生产力不是在10亩、20亩，而是在几万亩的耕地，我们应用现代生产力可以大大地减少农业的劳动力就业需求，而且实现亩产吨粮。

所以，如果我们初步地概算一下，现在整个农业符合劳动力劳动年龄的人口有5亿人左右。这里有一部分在农村，比如说有的妇女在家里照顾老人、照顾孩子，要养头猪，等等，这些都包括在内，一共是5亿人左右。

统计局公布的2019年外出打工人数是2.9亿人左右，即在农村的劳动年龄人口还有2亿多。2020年三季度只有2亿人。如果我们应用了先进的农业生产力再算，有1亿就全部覆盖了。这1亿包括做农业生产的，也包括给农业生产提供服务的，如农机等。按照2019年底的数据需要安排1亿农民工就业，按照2020年三季度数据，需要安排2亿农民工。

根据统计数据，农民的收入有工资性收入、经营性收入、财产性收入和转移性收入，转移性收入就是政府补贴，其中解决贫困做得好的都是工资性收入占了主要的部分。即农民脱贫主要是靠在工商业就业解决，如果这些人滞留在农村，相当于农村生产成本大幅增加。一方面，我们要提高农业生产力，要把先进的农业生产力付诸实施，同时要解决剩余劳动力，释放1亿劳动力。另一方面，需要安置劳动力，仅是民营、个体户一个劳动力需要40万~50万元的投资。如果有1亿安排的话就需要40万亿~50万亿元的投资才能解决。所以，这是国家“十四五”期间要解决的一个非常重要的问题。

从理论上说，我国现在是不是已经到了刘易斯拐点，劳动力的供给是不是已经少于需求？随着我国生产力的提高，不管是工业、制造业还是农业生产力的提高，我们国家劳动力的供给仍然是供大于求。所以，如何制定出合适的政策，使得既要提高劳动生产率，又要解决农民劳动年龄人口的就业问题，这是一个非常值得我们下功夫研究的问题。

“十四五”时期深化户籍制度改革的思考

史育龙　中国城市和小城镇改革发展中心主任

众所周知，要素市场化配置是高水平市场经济体制的重要内容，也是重要标志，要素市场化配置的前提是要素的自主有序流动，没有自主有序流动就谈不上市场决定价格，也很难实现高效公平的配置。如果考察劳动力这个第一要素，必然跟我们的户籍制度联系在一起。

20 世纪 50 年代形成的以城乡二元分割为特点的制度被广泛认为是计划经济体制的重要支柱之一，也自然成为改革的对象。其实，从 1984 年允许农民自带口粮进入县城以下的小城镇务工经商，到 2019 年中央决定全面取消城区人口在 300 万以下城市的落户限制，户籍制度改革已经取得了历史性突破。但在推进改革的过程中，也不断出现新情况、新问题，因此我们看到 2020 年以来发布的三份重要文件，从 3 月发布的《关于构建更加完善的要素市场化配置体制机制的意见》，之后 5 月发布的《关于新时代加快完善社会主义市场经济体制的意见》，再到 11 月 3 日发布的《中共中央关于制定国民经济和社会发展第十四个五年规划和二〇三五年远景目标的建议》，都提出要“深化户籍制度改革”。表明户籍制度改革虽然取得了很大成效，但仍有很多需要进一深化的改革内容，那么，如何确定深化改革的方向？改什么？怎么改？对此，本文就户籍制度改革成效、现在面临的难题以及下一步改革的突破口来进行阐述。

一、户籍制度改革的成效

2013 年底中央召开城镇化工作会议以后，户籍制度改革主要围绕三条线展开：一是打破城乡二元分割，把原有的二元户籍改为一元化的户籍制度；二是全面放开放宽进城落户限制；三是确保没有落户的进城农业转移人享有城市基本公共服务。按照中央的要求，31 个省份和新疆生产建设兵团都出台了户籍制度改革方案，普遍建立了不再区分农业非农业属性的居民户口制度。城乡二元户籍已成为历史。农业转移人口进城落户门槛大幅降低，中西部地区除省会（首府）城市外，基本实现了落户零门槛，东部地区也普遍降低了落户条件。从 2016 年 1 月 1 日起，全国范围内建立了居住证制度。全国发放居住证超过 1 亿张，以居住证为载体的城镇基本公共服务提供机制基本建立。在这些改革举措作用下，户籍城镇人口显著增加，从 2012 年的 4.8 亿人增加到 2019 年的 6.2 亿人，净增加 1.4 亿人。总体而言，户籍制度改革到现在取得了非常大的成就，但也出现了不少预想不到的问题。

二、户籍制度改革面临的难题

1. 一元化户籍缺少配套制度支撑。一元化户籍制度打破了原有的城乡二元分隔，但在实践中也遇到新的难题。如国家为了支持农村地区发展，建立了面向贫困地区农村定向招生的专项计划，一些省也建立了地方专项计划，规定只有农村户籍学生才能申请专项计划招生，那么农村户籍的学生怎么界定？又比如，征地以后对失地农民的安置问题，除了土地补偿费外，还有一项很重要的安置补助费。安置补助首先要界定安置对象，是安置对象才有安置补助，安置对象的一个前提条件必须是农村户口，因此就出现了已经进城落户但仍保留农村“三权”的原农村居民，如何界定安置对象的问题。此外，中央财政设立了农业转移人口市民化奖励资金，对于吸纳农业转移人口落户以及提供基本公共服务情况进行奖励，但在经过一元化改革后，确定落户者是否为农业转移人口有不小难度。因此，一元化的户籍制度还需要更多的配套政策支撑。

2. 供需错配导致“两个意愿”不高。吸引农业转移人口进城落户的一个重要动因是城市能够提供较高水平的公共服务。目前，越是高水平的公共资源，越是集中在行政层级较高的大城市。加上大城市能够提供更多就业机会和更高的工资，因此成为很多农业转移人口进城落户的优先选择，但为了避免人口向大城市集聚带来的负面作用，促进区域协调发展，我们也希望能够引导中小城市吸纳更多的农业转移人口。供给和需求出现空间错配，农业转移人口想去的地方有限制，希望他去的地方又不愿意去，出现了农业转移人口和流入地政府“两个意愿”都不高的情况。

3. 从城到乡的落户意愿增加但存在制度性障碍。近年来，在户籍制度改革过程中，越来越多的地方出现了城市居民基于各种各样的理由，提出把户口转到农村的要求，在东部沿海的发达省份需求更大。仔细想一想，这些城市居民为什么要申请农村户口？是像农业转移人口一样需要农村基本公共服务吗？显然不是，真正申请的是与户口紧密关联的农村集体经济组织成员资格。有了这个成员资格，才能有农村居民的各项权益。追求这些权益特别是其未来预期，才是反向落户的真正动因。

4. 居住证与促进落户目标形成对冲。促进农业转移人口市民化，落户是最直接、最彻底的方式。建立居住证制度，就是为了解决未落户的进城人口的基本公共服务问题。因此，居住证具有准户籍的特征。问题在于，对于主要需求是获得公共服务的农业转移人口来说，在居住证已经能够满足基本公共服务需求的情况下，为什么还要落户呢？因此，在促进农业转移人口进城落户这一点上，居住证制度事实上与户籍制度改革目标形成了对冲。

三、深化户籍制度改革的思考

首先，作为计划经济时期最重要的身份标志，在经过30多年的持续改革之后，户籍对城乡人口在劳动就业和迁移流动等方面的束缚已不复存在，城乡居民在衣食住行等绝大多数日常生活场景下感受不到户籍的作用，但在子女教育及升学、在部分限购城市购买商品房及汽车等特定场景，户籍依然具有重要作用。其次，从传统城乡二元户籍转向新的区域一元户籍，需要大量的配套制度建设。最后，城市户口不再受到“热捧”，既是近年来农村基础设施和公共服务水平大幅提升、城乡生活水平差距缩小的结果，也与随着改革不断深入，户籍上绑定的公共服务不断弱化有关。农村户口受到“青睐”，不在于户籍本身，而在于与农村户籍绑定的集体经济组织成员资格。为此，建议：

1. 继续放开放宽进城落户限制。除了继续落实常住人口300万以下的城市全面取消落户限制外，还应鼓励城区人口300万以上城市全面取消落户限制，鼓励超大特大城市取消主城区以外地区的落户限制。

2. 明确未来户籍制度将作为人口登记和管理基础信息源，建立以常住地为基础的户籍登记制度。

3. 建立居住证与户籍的衔接机制，探索建立与户籍脱钩的农村集体经济组织成员资格制度。为城乡人口双向流动奠定制度基础，实现人力资源要素的市场化配置目标。

加快促进城乡要素双向自由流动

徐洪才 中国政策科学研究会经济政策委员会副主任

一、我国正处在一个承前启后的历史转折点

“第一个百年奋斗目标”指日可待，“第二个百年奋斗目标”即将开启。展望“十四五”和未来 15 年发展目标，我们倍受鼓舞。中国已经成为全球第二大经济体，GDP 规模超过了 100 万亿元，人均 GDP 突破了 1 万美元，取得了辉煌成就。但是展望未来高质量发展，依然任重道远。我国仍然是一个发展中国家，二元经济特征十分明显。14 亿人当中还有 6 亿农民，只有 4 亿人进入中等收入群体。其中有 6 亿人每个月收入不到 1000 元。

未来 5 年也就是“十四五”期间，我国人均 GDP 将从 1 万美元达到 1.3 万美元，这是世界银行所设定的高收入国家标准，即跨越所谓的“中等收入陷阱”，这是有一定难度的。从历史经验来看，“二战”以来，全球各大经济体当中只有我国台湾省和韩国成功跨越中等收入陷阱。过去 40 多年的改革开放，我们已经解决了几亿人口的脱贫问题，解决了温饱、富裕的问题，但是未来的挑战仍然非常严峻。

二、构建“双循环”新发展格局首先要加快构建城乡要素双向自由流动的机制

构建城乡要素的双向自由流动的机制，可以说是构建双循环新发展格局的题中应有之义，也是推动高质量发展的关键。因为，我国二元经济结构的特点依然突出，如何推进我国从传统农业社会、农业文明向工业社会、工业文明，以及向后工业化社会发展，这是史无前例的挑战。

展望未来，我国经济的传统发展动能已经明显不足，新的发展动能正在培育过程当中。“十四五”期间，到2025年我国经济增长速度可能会回落到5%左右，到2030年可能会回落到4%左右，到2040年可能会回落到3%左右，到2050年可能会回落到只有2%左右。当然，未来30年，中国经济可持续发展、平稳增长的趋势不会改变，中美之间此消彼长的力量对比趋势也不会改变。

目前，我国GDP规模已经超过了美国的2/3，预计到2030年，我国GDP规模将首次超过美国，成为全球第一大经济体。即便如此，我国人均GDP只有美国的1/4。到了2050年前后，中美之间的力量对比会有根本性改变，我国GDP规模可能会达到全球25%以上，美国GDP下降到15%左右，我国大概是美国的1.5倍，但是人均GDP仍只有美国的1/2，综合国力与美国相比依然有很大差距。

实现高质量发展，关键是要解决过去传统的城乡之间的单向循环，也就是大家熟知的虹吸效应。过去我国城市化、工业化进程把农村都吸干了，高端要素单向到了城市但是没有回流。未来我们要建立双向循环，工业品要下乡，农副产品进城，要建立工业化城市化反哺农业农村的发展机制，鼓励知识下乡、人才下乡、技术下乡、资本下乡，每年争取提

升一个点的城镇化率，从现在60%左右到2035年就能够达到75%左右，基本实现农村城市化的历史任务。

三、推动城乡要素双向自由流动的六点建议

第一，深化土地制度改革，推进土地要素流转。培育要素市场的一个重要内容就是土地制度改革，但是我国土地制度特殊，土地归国家或集体所有，土地用益物权尚未自由流动，全国统一土地市场也没有形成，土地要素市场化进程十分缓慢，因此制约了土地的集约化、规模化经营，也剥夺了农民的土地增值收益。

第二，转变农业生产方式。农业现代化的发展方向是机械化、数字化、智能化和生态化。我国有6亿农民，其中2亿农民直接从事农业生产劳动，但我们每年有近2000亿美元的农产品进口，而美国只有260万农民，却能够大量出口，说明我国农业生产力还相当落后。要通过先进科学技术应用和资本投入，显著提升农业劳动生产率，将大量农业劳动力从土地上解放出来，转移到与农业和城镇化相关的生产性服务业和生活性服务业。打破以家庭为单位的小农经济，鼓励资本与土地结合，推动农业组织体系变革，打造一批市场化的农业企业，完善农业生产经营和流通服务体系。

第三，完善社会保障制度。推进户籍制度改革，彻底打破农村和城市之间的人为阻隔和制度藩篱，在全国范围内建立基本公共服务均等化的社会保障体系，促进人才跨地域的自由流动。加大农村和乡镇医疗卫生和科教文卫领域的公共投资，增加对农村困难家庭的财政补助，显著改善农民的生活质量。

第四，全面提升国民素质。完善多层次教育体系，特别是加大国家

对义务教育的投入。建议在“十四五”期间将9年义务教育增加到12年义务教育。目前，多数农民只能靠自然消亡。未来10年，“60后”基本会被自然淘汰而退出农业，20年后的“70后”农民也会退出。到了2040年以后，我国“80后”“90后”农民子弟不会像父辈那样面朝黄土背朝天地干活，机械化、智能化是正确发展方向。通过扩大教育投入，培育一支新型农业人才队伍，以适应大量农业劳动力向其他领域转移的需要。

第五，推动产城融合发展。过去一个经验是，城镇化必须与产业发展相结合。没有产业发展，就不会创造新的就业岗位，也就难以增加农民收入，因此也就无法促进消费和经济发展，进而还会产生空城、鬼城现象。未来15年，我国将有3亿左右的农民转化为新型市民。其中，部分人员可以通过接受高等教育和职业教育，在第二产业和高科技产业找到工作，也有相当多的人会转移到社区生活服务领域，这也是提高人民生活质量所需要的。

第六，推动区域协调发展。解决发展不平衡、不充分的问题。未来我国不同地域的经济发展差距可能还会进一步拉大，“孔雀东南飞”符合客观经济规律，但也要逐步解决“东西南北中”经济社会发展不平衡的问题。统筹推进“粤港澳大湾区”“长三角”“京津冀”“长江经济带”“一带一路”“东北振兴”“淮河生态经济带”“成渝城市群”以及“海南自贸港”等发展战略。各地要因地制宜，找准主体功能区定位和自身优势，加强生态环境保护，促进区域经济协调发展。

未来15年，我国实现现代化关键在于农业现代化。如果农业、农村、农民的问题不解决，不能将其中一半的农民转化为新型市民，我国高质量发展战略目标可能会难以实现。农业现代化的问题是重中之重，值得我们重点关注。

中国现代税制的选择

倪红日　国务院发展研究中心研究员

百年未有之大变局，是全面性、历史性的变化，税收制度同样也正在面临历史性甚至是转折性变革的挑战，全球各国税制也都面临着改革和完善。主要表现为，数字经济发展对传统税收制度形成挑战，这不仅在国际上，国内税收也是如此，数字经济如何征税已经成为国际性问题。目前国际税收规则已经由防止“双重征税”转向防止“双重不征税”，这是一个历史性的变革。经济合作与发展组织（OECD）受G20委托在研究制定新的国际税收规则，中国国家税务总局等相关部门正在积极参与。

完善中国现代税制面临的挑战主要来自两个方面：第一个方面是国际上的共同挑战；第二个方面是中国现行税制改革继续深化的挑战，主要是对现行税制进行结构性调整。现代税制的目标是：要建立具有国际竞争力，同时要保证政府的财政收入，并且与国际税收新规则接轨的现代税制。这就面临着能够满足上述目标要求的具体税制体系的选择问题。

中国现代税制选择中的一个关键问题在于，中国现代税制结构是采取以美国为代表的税制模式，还是世界上多数国家的双重主体税制模式？

目前世界各国税制主要可以归纳为三种模式类型：一是以间接税为

主体，主要是一些发展中国家；二是以直接税为主体，主要是美国等极少数国家；三是以间接税和直接税为双重主体，这是世界上绝大多数国家的税制模式。

按照相同口径，将中国现行税制与美国现行税制相比较，中国现行税制是商品和劳务税在整个税收中占比接近40%，美国的个人所得税和公司所得税占全部税收的50%多，两个国家的税制结构是有明显差异的。

从总体上看，中国税制是以商品和劳务税为主的税制结构体系；而美国税制是以个人所得税为主的税制结构体系。

美国个人所得税占税收总收入的比重比中国个人所得税占比（按照可比较的税收分类）高出35个百分点。

中国的商品和劳务税收占税收总收入比重比美国的该税占比高出22.44个百分点。

美国以直接税为主体的税制结构的优点是对生产和流通的税收干扰比较小，但是在筹集财政收入的功能上较弱。相对而言，中国的增值税和消费税在生产和流通环节征收，对企业的税收干扰相对较大，但是筹集财政收入的功能比较强。

海南自由贸易港的特殊税制在《总体方案》中给出的原则和模式，就是要将增值税和消费税等几个税种减并为销售税，这种税制实际上是接近美国税制。

目前，财税界对海南自由贸易港实行销售税争议很大。主要存在着三种意见：第一种《总体方案》的意见，取消增值税和消费税，在零售环节征收销售税，生产和批发环节就不征收商品和劳务税了。第二种意见是，创新海南自由贸易港销售税。在改良增值税的基础上，用分类管理方法，解决生产和批发环节征收增值税带来的问题。本文认为，下一步有可能是细节决定成败，不管税种名称是什么，关键在于将来具体税制构成要素是怎么规定的。第三种意见是，不赞成取消增值税和消费税。主要理由：一是需要保持海南和国内统一大市场的衔接，不宜在海南和内陆搞差异较大的两套税制；二是销售税难以替代增值税，尤其是消费税的特殊调节功能；三是如果保持原有的海南税收负担水平，销售税的税率将不可能低于两位数，采取价外税方式，公众将难以接受，税收征管的遵从度和难度挑战很大。

海南自由贸易港税制的改革创新还有4~5年的时间，还要通过立法程序，所以还有一定的调整和回旋余地。

因此，中国现代税制选择，应该兼顾三个方面：一是有利于中国企业的国际竞争力；二是政府筹集财政收入的便利性；三是与国际税收规则的接轨。片面地强调某一个方面而忽略其他方面，都可能产生目标偏差。

具体来看，主张以直接税和间接税为双重主体比较适应中国国情，也有利于与世界上绝大多数国家协调，在这个基调上，进行结构性微调，比如适当降低增值税税率，完善个人所得税等。另外，要关注中国税制与数字经济、国际税收规则相衔接与协调，防止海南自由贸易港的简税制、低税率落入国际“避税地”。

强化“十四五”改革开放科技支撑

张述存　中国行政体制改革研究会副会长
高　阳　山东社会科学院研究员

“十四五”时期是我国把握新一轮全球科技革命和产业变革机遇，抢占全球科技革命和产业变革先机，加快形成双循环新发展格局的关键时期。科技创新对高质量发展和高水平开放的支撑引领作用将进一步凸显，强化前沿科技特别是数字科技支撑，应作为“十四五”改革开放谋篇布局中的一项重要战略部署。

一、高度关注数字技术在我国“十四五”改革开放中的科技支撑作用

近年来，我国互联网特别是移动互联网加速普及，为数字技术爆发式增长和数字经济业态跨越式发展提供了土壤。大数据、人工智能、区块链、云计算等数字技术的裂变式集成应用将不断提升其科技支撑能力，全面变革社会生产生活方式。数字科技对“十四五”改革开放的科技支撑作用体现在以下方面：

一是推动生产方式的信息化智能化变革。数字技术的发展为生产方

式变革提供了底层技术支持和技术解决方案。纵观历次科技革命，均是以科学技术的根本性变革带来生产力跃迁和生产方式颠覆性升级。在新一轮科技革命浪潮中，人工智能、大数据、区块链等数字技术与机器人和智能制造技术加速融合，正在推动生产方式由工业化向信息化、智能化转变，实现制造业由劳动密集型向人机协作型转变。人工智能技术加速生产过程的自动化和智能化，将劳动者从繁重危险的体力劳动和单调重复的脑力劳动中解放出来。大数据和云计算技术驱动生产方式和管理模式变革，不断提高产业链条内部协同性，增强企业研发、生产、销售、服务各环节的系统性。数字技术的集成应用正在逐步打破生产和消费领域的数据信息壁垒，使社会化生产的工厂能够更好地满足消费者个性化定制需求。

二是实现信任机制的可信化技术化重塑。社会信任机制是经济健康发展和社会有序运行的重要制度基础。在数字经济时代，传统的信任机制已难以适应数字新兴业态发展要求，因此建立与数字经济相匹配的新型信任机制尤为重要。区块链技术以其难以篡改、可追溯等技术特征和应用优势，可以为构建可信化技术化的信任机制提供底层技术支持。通过建立基于区块链的信任机制，将各个经济参与主体、实体生产要素和数字生产要素有效联结，能够构建新型数字信用体系，形成互联网时代治理范式，助力实现降低社会信息搜集成本、提高实体和数字资源配置效率、强化数字经济领域监管和完善社会治理体系等目标。

三是支持产业结构的高级化现代化升级。数字经济高速持续发展和数字技术广泛应用，将有力地支持我国产业基础高级化和产业链现代化转型升级。一方面，产业数字化趋势加速助推产业基础高级化。我国传统产业基础比较雄厚、产业链条较为完整，但信息化科技化水平仍具有较大提升空间。数字技术通过与传统产业特别是制造业深度融合，能够有效结合数字科技技术优点和我国产业基础优势，提升产业基础能力、优化产业基础结构、巩固产业基础质量。另一方面，数字产业化趋势助力实现产业链现代化。近年来，我国数字经济规模持续高速扩张，已逐步成为国民经济的新支柱，数字产业的蓬勃发展和数字技术的应用场景扩张为产业链现代化升级提供了契机。数字产业通过深度介入现有产业链条，推进产业链上下游高效沟通有序协同，促进各个产业链内部资源整合，加快产业链向产业网转化。

四是助力社会治理的高效化精准化转型。随着互联网特别是移动互联网的普及，社会信息传播和反馈模式剧变，传统社会治理体系面临重塑，构建与信息化时代相适应的现代社会治理体系同样需要数字科技提供科技支撑。在信息爆炸式增长与有效信息不足并存的现实条件下，大数据、区块链等数字科技的应用有助于缓解政府层面的数据孤岛问题，通过加快政务、社保、教育、医疗等公共领域的数据共享互动，减少社会治理成本，提升社会治理效能。在社会治理结构扁平化演变的趋势下，大数据等数字技术的集成应用有助于畅通政府和公众间的信息交流渠道，广泛了解公众对于公共服务的共性诉求和差异化需求，从而实现针对不同区域、不同群体的精准化治理。

二、数字科技已经在经济社会智能化转型中开辟了广阔的应用场景

近年来，我国数字科技发展迅速。据中国信通院发布的《中国数字经济发展白皮书（2020 年）》显示，2019 年我国数字经济增加值规模达到 35.8 万亿元，占 GDP 比重达到 36.2%；数字经济名义增长 15.6%，高于同期 GDP 名义增速近 8 个百分点。人工智能、大数据、区块链、云

计算、物联网等数字技术不断集成创新和融合应用，开辟了多个创新应用场景，涉及经济社会发展多个领域。

一是数字技术应用加速了生产生活智能化。人工智能等技术正在全面改造社会生产生活方式，加速实现社会智能化智慧化。人工智能与传统农业相结合，形成了覆盖农业生产全流程的智慧农业，种子检测、作物监控、土壤灌溉、病虫害识别和防治等以往需要人工完成的烦琐环节均可以被机器所替代。人工智能、大数据等技术与制造业相融合，为智能制造产业发展提供了技术支撑，并已孵化出“共享工厂”“柔性制造”等制造业新模式新业态，通过加强消费者与生产者之间信息交互，更好地满足了消费者个性化需求。人工智能、大数据等技术的应用通过深化人机互动，正在加速普及智慧化生活方式，在人脸识别、智能家居、智慧医疗等领域已形成多项颠覆性产品，不断提升生活智能化便捷化程度。

二是数字技术应用加快了新型信任机制构建。区块链、大数据、物联网等技术的集成应用为数字时代新型社会信任机制构建提供了科技支撑。从产品溯源、供应链协同等产业领域应用，到电子存证、电子发票、政务数据共享等民生领域应用场景，再到以数字货币为代表的金融市场基础设施，数字技术在信任机制相关应用场景中的作用不断深化。例如，上海市徐汇公证处推出了区块链电子数据存证平台，利用区块链技术保证所存证据的不可篡改和真实性，实现了存证人随时随地自助取证，在确保存证可信性的基础上大幅降低了证据保全公证的时间周期和综合成本。再以浪潮集团“质量链”为例，该平台面向企业提供区块链追溯、大数据供应链管理、消费者反馈监测等多种数字科技服务，在信任场景应用的基础上形成了覆盖产品全生命周期全要素的信息化服务体系。

三是数字技术应用打破了数据信息层面桎梏。信息不对称问题是现代经济社会发展的重要制约因素，数据信息收集占用和消耗了大量社会资源，过高的信息搜集成本迫使政府在内的各类主体仅利用有限信息进行决策。随着大数据、云计算等技术的普及应用，打破信息壁垒和数据鸿沟、最大限度降低信息不对称负面影响具备了可能性。

四是数字技术应用推动了社会治理模式创新。数字技术集成应用为社会治理领域改革和社会治理模式创新提供了丰富的技术手段。以浙江省市场监管局的食品安全智能监管系统为例，该系统建立了外卖订餐企业的食品安全风险研判模型，数据中心自动抓取监管对象的进货台账、人员电子档案、厨房视频等数据，并使用物联网感应技术采集消毒柜、冷库、紫外线灯等设备数据，开展 AI 视频人脸识别和综合数据分析，最终形成预警信号，锁定高风险场所。在这一案例中，人工智能、大数据、物联网、区块链等多项技术实现了集成应用，共同构成了社会治理模式创新的科技支撑。

三、进一步发挥数字技术对我国“十四五”改革开放的科技支撑作用

我国经济已转向高质量发展阶段，在质量效益明显提升的基础上实现经济持续健康发展，科技自立自强是核心战略支撑。“十四五”期间应继续加强数字科技研发应用，充分发挥数字技术对改革开放的科技支撑作用，助力网络强国和数字中国建设。

一是强化数字技术基础研究，提升数字领域原始创新能力。我国具有信息化发展水平较高、市场空间广阔、人力资源丰富等优势，为数据资源采集、挖掘和应用提供了良好条件。“十四五”时期，为建设走在数字技术研究的理论前沿和占领数字科技创新制高点的信息化强国，需要统筹谋划数字中国建设，以强化数字技术基础研究为突破口，着力提

升原始创新能力。加大对数字技术相关领域基础研究的投入力度，鼓励数字经济创新业态的试点示范，推进数据信息资源共享交换。

二是关注社会信任机制重塑，加快互联网信任体系建设。立足数字时代经济社会发展和数字产业布局对信任机制的新需求，以区块链技术集成应用为着力点，着力解决信息不对称和信任缺失问题，加快建设基于互联网的新型信任体系，推进数据信息的高可信度存证和数字资产的低成本确权，加快形成良好的社会信任生态，为数字经济新模式新业态发展提供基础性信任机制。

三是立足产业结构转型优化，完善产业发展数字化布局。高度重视数字产业的发展空间和数字技术的应用前景，扎实推进数字产业规模提升和内部结构调整，逐步确立数字产业在国民经济中的支柱地位。积极推进数字化发展以助力现代产业体系建设，推动数字科技和实体经济深度融合，将数字技术与传统产业改造升级紧密结合，实现农业智慧化改造、制造业智能化升级和现代服务业信息化布局。发挥好大数据、云计算、区块链等技术的产业链条“黏合剂”作用，通过大力发展数字技术助力产业链条延伸和产业集群发展。

四是聚焦社会治理手段升级，实现治理体系现代化转型。理性认识社会治理格局立体化、治理主体跨界化的变革趋势，努力满足群众对现代化精细化社会治理方式和手段的需求。加快推进人工智能、大数据、区块链等数字技术在社会治理领域的协同应用，着力以数字科技创新不断破解治理难题，以场景创新降低治理主体参与成本和提高互动效率，以政务信息共享互动提升公共服务供给效能，加快推进社会治理精细化，加速实现治理体系现代化转型。

6

第六编

打造对外开放新高地

以加强与东南亚国家交流合作为重大任务的海南自由贸易港

迟福林　中国（海南）改革发展研究院院长

建设开放新高地，是中国实行高水平开放的重大举措。在中国加快构建以国内大循环为主体、国内国际双循环相互促进新发展格局的特定背景下，将海南自由贸易港打造成为区域性“重要开放门户”，就是要使海南在促进中国与东南亚国家更深程度经贸合作与更广范围人文交流中扮演独特角色，发挥重要作用。

一、加强与东南亚国家的交流合作是建设海南自由贸易港的重大任务

面对经济全球化逆潮挑战，面对复杂多变的南海形势，面对各方促进疫后经济复苏、联动发展的共同需求，加强海南自由贸易港与东南亚国家的交流与合作，既具有现实性又有迫切性。

1. 面对南海地区形势，加强海南自由贸易港与东南亚国家交流合作具有重大现实意义。南海是域内国家的共同家园，求和平、促发展是中国与东南亚诸国的共同心愿；把南海打造成为和平之海、友谊之海、合作之海，符合各方的共同利益。几年前，我曾提出加快构建“泛南海经

济合作圈”的构想，旨在以海上基础设施互联互通为依托，以自由贸易和区域开放合作为主题，以海洋经济和产业合作为重点，构建开放型区域经济合作网络，促进区域内生产要素和商品服务的自由流动，共同打造泛南海地区命运共同体。当前，在域外大国的干扰下，南海形势更加复杂多变，中国和东南亚各国发展面临着更加不稳定、不确定的外部环境，泛南海地区比以往任何时候都更需要紧密的交流合作。在这个特定背景下，要着眼于南海长期和平发展，着眼于各方的共同利益，着眼于各方共同的社会需求，加强海南自由贸易港与东南亚国家经贸合作与人文交流，共同打造“泛南海经济合作圈”。

2. 海南自由贸易港要在促进中国与东南亚更高水平区域合作中发挥独特作用。海南地处“泛南海经济合作圈”中心位置，具有自然资源丰富、地理区位独特以及背靠超大规模国内市场和腹地经济等优势。以海南自由贸易港为重要平台，加强中国与东南亚深层次、多领域的区域合作，实行更加灵活的产业项下自由贸易政策等，不仅有利于推动中国—东盟经贸合作的巩固与发展，而且有利于携手应对贸易保护主义与单边主义的挑战，共同推进区域经济一体化进程。

二、海南自由贸易港要成为连接中国国内市场与东南亚市场的重要枢纽

未来5~10年，中国14亿人口的巨大内需市场潜力释放将为包括东南亚在内的全球经济注入重要动力。建设海南自由贸易港，就是要充分发挥其在连接两个市场、两种资源中的重要门户作用，尤其是促进东南亚国家与中国双循环发展的有效对接。

1. 海南自由贸易港要逐步成为中国与东南亚国家商品与要素双向流

动的大通道。例如，依托海南自由贸易港“零关税”及“原产地规则”，鼓励支持东南亚企业围绕农产品加工，旅游商品、新能源设备、医疗器械、通信设备、工业机器人的加工制造等在海南投资设厂；依托服务贸易自由便利政策，强化服务业管理标准规则对接，积极引进优质的旅游、医疗健康、文化娱乐等资源，共同服务中国国内服务型消费大市场；依托“中国洋浦港”的特殊政策，通过共建港口联盟、共同制定豁免查验商品目录、共同实施“认可经营商计划”等方式加强与东南亚国家港口的对接，打造连接两个市场的航运枢纽港。

2. 海南自由贸易港要成为连接中国与东南亚国家优质要素的中转、交易、配置大平台。例如，共建国际数据交易所，开展数字版权确权、估价、交易、结算交付、安全保障、数据资产管理等服务功能；共建知识产权交易所，立足各自创新发展需求，推进区域内知识产权交易；建设热带农产品现货期货交易所，为区域内国家和地区提供农产品交易、定价、价格指数发布、金融保险等服务。

三、以务实举措尽快实现海南自由贸易港与东南亚国家交流合作的重要突破

当前，在全球性、区域性政治经济格局面临深刻复杂变化的形势下，把握区域经济一体化大趋势与中国—东盟经贸联系日益紧密的新要求，发挥各自比较优势，以更加务实的举措实现海南自由贸易港与东南亚国家交流合作的重要突破。

1. 推进以数字经济为重点的产业合作，共同打造稳定安全的区域性产业链供应链。例如，在海南自由贸易港合作共建数字自由贸易区，共同推动数字经济领域的开放进程；以企业为主体共同建立“跨境电商自

由贸易园区”“数字经济合作园区”“智能制造合作园区”“飞地数字产业园”等。依托东南亚农产品优势与海南自由贸易港原产地政策，加快农业市场双向开放、技术合作、标准对接，合力打造集种植、加工、包装、保鲜、物流、研发等于一体的跨境农业产业链。适应东南亚国家疫后经济复苏的现实需求，以邮轮旅游为重点共同建立岛屿旅游合作体，实现客源共享和互送、邮轮航线的联合营销、邮轮旅游危机管理合作、人员入境相互免签等。

2. 推进企业深化合作，共同开拓区域市场。例如，支持中国国内及东南亚国家的企业在海南设立区域性总部，并以此为基地共同开拓区域内大市场；支持旅游、农业、医疗健康、数字经济、研发设计等领域的企业共同打造发展联盟，推进实现资格互认、资源共享；鼓励支持各方企业，以比较优势为基础开展双向投资；充分发挥政府的引导支持作用，共同建立国别信息库和企业信息库，定期发布经贸合作需求清单，促进企业合作的有效对接。

3. 推进更广范围和更加多元的人文交流，强化各方利益纽带与民间互信。例如，条件具备时率先在海南有序引入菲佣等技能型外籍劳工，合作建立跨境劳务合作管理协调机制与信息服务平台；共同推动区域内高校、智库和研究机构间开展学术互访、合作研究、互派学者和留学生等多方面的合作；充分利用博鳌亚洲论坛等平台深化双边、区域合作交流。

海南自贸港建设能否在中国新一轮开放中腾飞？

陈文玲　中国国际经济交流中心总经济师

党的十九届五中全会指出，我们全党要统筹中华民族伟大复兴的社会主义现代化建设大局和世界百年未有之大变局。当前，海南自由贸易港的发展要放在这两个大局之下考虑。

一、经济全球化的方向与中美关系

经济全球化的方向到底会怎样？是去全球化、半全球化还是慢全球化？还是再全球化？这是一个全世界都要选择的问题，是一个开放的世界所要面对的严峻挑战。大家知道，去全球化、逆全球化发起者是世界上最强大的一个国家，从去中国化开始，企图把世界搞成两个体系。联合国秘书长古特雷斯多次警告，如果出现两个体系、两个标准，对世界是个灾难。

第一，经济全球化发展方向，一定会是再全球化和新型全球化。新型全球化就是整个世界要实现数字化的转型，从信息经济时代转向数字经济时代。数字经济时代会出现互联网、物联网、车联网和基于算力的产业生态，全世界将形成硬基础设施联通和软基础设施联通的世界，所以这个正在发展和未来的世界，本质上是要求相互开放、互联互通、包容共享、和平发展。

第二，实体经济与虚拟经济成为现代经济的两种基本形态。这两种基本经济形态交织错落，使全球经济内涵与连接方式发生颠覆性变化，使全球的产业链、供应链、服务链、价值链变成新的连接关系，并形成了新的全球布局。这种布局是几十年渐次形成的，而且相互嵌入，形成了多层次、多维度、多业态的融合发展。按照学者的研究，现在很多头部企业的供应链体系是个复杂的巨系统，多达十几个甚至二十个层次。供应商的供应商，有无数个层次。现在最发达的跨国公司，包括美国的大跨国公司，都不能说清在全产业链上有多少个一级供应商、二级供应商以下的多层供应商体系。现在美国不能切割世界原因在于实体经济、虚拟经济这两种基本经济形态把产业链、供应链、服务链、价值链联结在一起。世界经济如果要发展、要进步，经济如果要保持不衰退，全球经济必须要连接，必须要联通，而非脱钩或者阻断。世界各国共同发展，本质上要有全球的标准、规则、秩序，否则全球经济就会陷入一片混乱，陷入无序状态，整个世界就会颠覆性地进入至暗时刻，甚至会回到旧石器时代，“鸡犬之声相闻，老死不相往来”。

第三，经济全球化不可阻挡。经济全球化将是经济联系更加紧密、包容、多元的世界，是一个更加美好的世界。逆全球化绝对是一个逆流，也是短暂的历史现象，不会持久，不会成为一手遮天的屏障。经济全球化将是不可逆转的时代大潮，习近平总书记早在 2017 年 1 月 18 日联合国会议上，就做出了这样清晰的历史大判断。

中美关系是大国关系中最重要的关系，也是影响世界百年未有之大变局的最大变量。奥巴马、希拉里时期实行重返亚太战略，构建了 TPP、TTIP 两大自由贸易区，而且 2015 年已经完成了文本的谈判，2016 年各个国家进入批准的程序。在最关键的时候，特朗普总统上台了，他上任第一件事就是废除了 TPP，搁置了 TIPP。两个排他性的自由贸易区，会给中国带来很大的战略挤压，或许比特朗普打的贸易战更为难受。2013 年 9 月 29 日，上海自由贸易试验区建设，就是要对接最高标准的世界规则，打破美国对中国的战略围堵之势。现在我国自贸试验区已经发展到 21 个省份 60 多个片区。这样的一种开放战略选择，实际上原来是要应对奥巴马和希拉里时期对中国形成的战略围堵和挤压。所以，TPP 会不会回来，TIPP 会不会重启，对外开放又面临着怎样的新变量，这种变量又提出了怎样的要求，这都需要中国在对外开放中迈出更大的步伐才能解决。

二、海南能否在“十四五”期间腾飞

海南能不能在“十四五”期间腾飞，能否在开放的世界、开放的中国独领风骚，关键取决于能否实现真正的腾飞。海南之前是潜龙在渊，积蓄发展潜能和机遇。现在具有战略优势、区位优势、政策优势，遇到千载难逢的历史机遇，海南应该飞龙在天，应该腾飞。如果“十四五”期间仍然没有腾飞，我个人认为海南就真的没有机会了，这是海南面向未来最后的腾飞机会。那么，海南这样一个岛屿能为中国做出什么独特贡献呢？

面向未来 2035 年，海南更高的战略定位应该有四个方面：首先，海南应该成为最开放、最便利、要素禀赋自由流通度最高的战略高地。其次，海南应该成为最具吸引力、最具竞争力、最具文化内涵的世界性岛屿，海南不只是中国的岛屿，更应是世界性、国际化的开放岛屿。最后，海南应该成为最宜居、最美丽、最佳的购物天堂、养生天堂、创业天堂。此外，海南应该成为最具国家战略价值、最具海洋经济价值、最具全国和世界示范意义的地区，成为中国最大的海洋国土和陆地国土连为一体的具有战略纵深的岛屿，包括成为在“一带一路”中的战略交汇地等。

据此，海南应该有一个更为宏阔的战略定位，应该使国家“十四五”规划和2035年远景目标在海南具体化、真正落地。“十四五”期间，应该做好几件事：

1. 中央要给海南充分授权。如果不能使海南自贸港能够大胆闯、大胆试、自主改，没有自主改的权力，所有的东西还要经过一层一层审批，就不会像当初改革开放那样，能够为全国创造并提供经验。

2. 建设海南自贸港岛必须解放思想、凝聚共识。要以更大的胆略和气魄，把海南作为当前大国竞争博弈中的重要筹码。加快推进海南自贸港建设步伐，从而能够积累经验，迅速向全国推广。现在全国已经有21个自贸试验区，积累了一批经验，但是自由贸易港到底怎么搞？什么叫作中国特色自贸港？什么叫作国际一流的自贸港？国际一流和中国特色是什么关系？海南自贸港最优的制度设计与供给是什么？是中国自己使用的还是为国际提供的新型公共产品？是我们集成全球经验为我所用，还是更多地面向填补空白或者面向未来进行创造？这些都需要海南自贸港进行探索和创新。

3. 海南应该成为人才高地、知识高地和创新高地。这就需要在解决建设海南自贸港最大短板——高素质人才短缺上下功夫，采取更为开放、更具比较优势的人才政策，聚集一批科技创新、制度创新和思想创新的领军人才。

4. “十四五”期间海南应该成为更开放、更具有优势的制度高地。这一点尤为重要，制度性开放是更高水平、更高质量、更具持续性的开放，海南自贸港如果能够在制度创新取得原创性的进展，后来者居上，就可以走在中国甚至世界最前沿。

数字化自由贸易港模式与制度创新

刘尚希　中国财政科学研究院院长

自由贸易港建设是中国实现高水平对外开放的战略性举措。海南自由贸易港到底怎么实现制度集成创新，这个问题的逻辑起点在哪，需要仔细研究。

一、定位：数字自由贸易港

海南自由贸易港的定位到底是什么？笔者认为，海南自由贸易港的定位要从更大的时间尺度考虑，要在农业革命、工业革命、数字革命的历史大框架下考虑。如果观察的时间尺度不拉长，其定位就会看不清楚。

从农业革命、工业革命、数字革命的时间尺度来看，海南自由贸易港的定位应当是数字自由贸易港。以前的世界自由贸易港是工业化时代的产物，可以说是货物自由贸易港。它是基于货物贸易进行设计的，是工业化时代的自由贸易港模式。现在到了数字化与工业化叠加的时代，数字化是高于工业化的新趋势。从数字化、数字革命、工业革命并列看，有人把数字技术看作第四次工业革命，是在工业化的框架下理解数字技术和数字化，我觉得这么看问题可能会贬低数字化和数字革命。所以，我把数字化、数字革命和工业化、工业革命看作并列延续的一个历史新阶段。与过去农业革命、工业革命不同，现在是一个新的数字革命阶段，超越了工业革命。从这样一个大的背景和时间尺度来观察，笔者认为海南自由贸易港的定位是数字自由贸易港。数字自由贸易港虽然离不开货物的生产、贸易，但主要不是基于货物的生产、贸易，而是基于数字贸易。如果基于数字贸易，自由贸易港的产业重点可能不是第二产业，而是第三产业，数字自由贸易港应当是以数字服务贸易为主要内容。如果从这个角度来定位海南自由贸易港，就可以跳出基于工业化时代的传统自由贸易港模式来定位海南自贸港。这样，我们在制度集成创新的路径、方式上就应有不同的选择。

二、海南自由贸易港应形成新的制度体系

基于传统自由贸易港的思路建设海南自由贸易港，在制度集成方面肯定是边际改进。如果只是通过边际改进来打造一个世界高水平的自由贸易港，我觉得非常困难。如果从数字化、数字革命的角度看，依据数字自由贸易港的定位，以数字革命为基础的制度集成创新就不应当是边际改进的路径，而应当是重构。那么，依据这样一个逻辑，海南自由贸易港应当构建形成一个新的制度体系，而不是把基于工业化的成熟老套的东西搬过来。

海南自由贸易港已经有了一个大的框架式的顶层设计，但是要进一步具体化，增加内容，完善顶层设计至关重要。在完善顶层设计时，很重要的是把数字化作为底层架构来考虑，否则我们就会不由自主地要走原来的老路。数字革命像工业革命一样，会成为经济、社会、政府的底层架构，如果我们基于数字化这个底层架构来考虑制度创新，其思路就完全不一样了。

工业时代的制度集成创新和数字时代的制度创新，其理念、逻辑、路径都是不一样的。以数字革命为底层架构，就是经济、社会、政府、城市管理等都应当建立在提升底层架构这个基础之上，而不是建立在传统工业化的底层架构基础之上。工业化的基本理念是依照物理世界的规律来构建我们人类社会的框架，其基本逻辑是分工协作，形成生产的集中化、规模化、标准化和自动化，形成社会生活和交往的积聚和契约关系，以及政府的科层组织架构。而数字社会的基本理念是超越物理世界的实体三维空间，按照超三维的虚拟空间来构建我们人类社会的新框架，人类诸多活动不再有时空边界和约束，分工协作转移到虚拟空间进行，生产、生活越来越脱离实体空间，如购物、学习、治疗、交往、管理等。这意味着构建人类社会新框架的逻辑已经改变，生产方式将趋向分散化、小型化、个性化和智能化，各式各样的数字平台组织将成为经济、社会活动的基本单位和须臾不可离开的载体，就像企业、家庭这样的社会单元一样。包括政府在内的整个社会组织的数字化和平台化是不可避免的趋势，规则、法律、制度、标准和方式都将重构，数字化生存意味着许多东西都将重新定义和重构。只有解放思想，敢于走入无人区，才能跟上数字革命的步伐，抓住数字革命带给我们的历史机遇。如何避免陷入老框框里打圈圈，是当前海南自贸港建设中需要防范的最大风险。

三、如何构建相适配的财政制度

从财政的角度来看，这就涉及税收制度、预算制度和财政体制的问题。海南自由贸易港定位为数字自由贸易港，应当建立什么样的财政制度？很显然，它也应当以数字化为底层架构。

现在的税收制度是工业化时代的产物。比如，我国现在建立的以增值税为主体的税收制度体系，我认为是不适应数字化革命的。随着数字经济、数字产业等新经济、新业态、新模式的快速发展，现行税收制度呈现出来的弊端就越来越明显。增值税就是典型的适用于工业化的税种，它与数字化社会的价值转移、价值创造的非线性化是不相适应的。

毫无疑问，海南自贸港是一块数字化改革创新的试验田，要抓住机遇，重构海南的税收制度。我们需要从数字化这个底层架构考虑建立海南的税收制度，而不是在原有的税收制度体系里做一些边际的改进，修修补补。所以我认为海南税收制度创新有两个路径，因为定位不同路径就不同，逻辑也不同。在数字经济快速发展的条件下，我国数字产业占GDP的比重达到36%，相对来说比发达国家低一些。我国的GDP相当于美国的2/3，但是数字产业只相当于美国的1/3。从这点看，我们国家数字产业、数字经济的发展跟发达国家，尤其是跟美国比有相当大的差距。对于数字经济差距的问题，因为有不同的口径，大家的看法观点不一样，有的说差距很大，有的说差距没那么大，甚至有的说差距很小。但是总的来说，数字化是一个基本的趋势。现在数字产业快速发展，在现有税收制度下，尤其是如何针对数字经济、数字产业来征税？我国来自数字产业领域的税收比重很低，数字巨头所承担的税负跟大工业企业相比要轻得多。这并不是说企业不缴税，而是因为现行的税收制度与现有的数字化、数字经济发展态势不吻合，无法有效覆盖新的税源和税基，经济活动的时空边界模糊，商业模式和盈利模式不断创新，收益的确认和计量也面临新的问题，这给税收征管带来新的难题。而重构海南税收收入制度和税收征管制度，却为海南建设一个高起点、高水平的世界自贸港创造了条件。

海南自由贸易港的制度建设有很重要的一个内容，即预算制度。以数字化为底层架构的预算制度，应当是怎样的呢？在市场领域、市场资源的配置上，市场要发挥决定性作用。但是在公共领域，预算在公共资源的配置中应当发挥决定性作用。但预算现在没有起到决定性的作用，使得公共资源的配置从效率的角度、公平的角度来评价都不高。在促进效率、公平融合，提升国家治理体系治理能力现代化方面，预算制度的作用有待进一步的充分发挥。在海南地方治理中更是如此。为什么现在预算制度在公共资源配置中没有起到决定性作用呢？原因可能在于，我们预算编制、执行中的信息化水平偏低，存在严重的信息不对称。数字化为解决这个问题提供了机遇，数字化可以为预算制度赋能，为发挥预算在公共资源配置中的决定性作用提供了条件。

要让预算在公共资源配置上发挥决定性作用，预算制度也需要重构。从这点来看，海南完全有条件这样做，同时可以促进政府职能转型，为构建数字政府和服务型政府奠定基础。如果预算制度没有实质性改变，那政府职能的转变也只是纸上谈兵而已，真正的转变要靠预算来约束政府的行为和活动范围。数字政府首先要建立数字预算、数字财政。没有这个基础，数字政府的建设可能仅仅是在办事便利化方面有改进，在其他方面改变不大，也就是边际改进，而不是系统性的重构。

海南自由贸易港建设还涉及中央与地方的财政关系，是放在现有的分税制的框架里考虑，还是从现有的分税制的框架里独立出来？这也是不同的选择。这涉及海南自贸港在国家治理和国家发展中的战略定位问题，需要更深入的研究和探讨。随着数字经济的发展，企业平台化，经营虚拟化，区域之间税源和税收背离日渐扩大，在这种条件下，分税制作为中央与地方收入划分的一种方式，也需要不断完善。支出责任更要考虑人口流动变化所带来的公共服务供给模式变革的问题，传统的支出责任划分方式也需要加快转型升级。

新发展格局下的海南自贸港建设重点

曹文炼　丝路产业与金融国际联盟理事长

中国已有的各种双边、多边和区域合作关系，也应该根据百年未有之大变局和中国新的发展格局，特别是根据当前的中美大国竞争和近年来的“一带一路”建设，全面系统梳理和集成后，进一步深化和创新。

一、双边、多边和区域合作关系的集成创新

21世纪中国实施“走出去”战略以来，特别是党的十八大以后提出“一带一路”倡议以来，国家和各个政府部门都陆续建立了很多双边、多边和区域合作机制。目前来看，仅国家发改委牵头和负责与有关国家、地区及其相关部门建立的各种合作机制就有大约200个，各个部门像外交部、商务部可能更多，但是很多机制缺乏紧密联系和实质性内容，这些机制都应该根据新的形势梳理集成，更需要认真研究如何落实深化，以服务于国家新的发展格局、对外友好合作和人类命运共同体的建设。

百年未有之大变局，主要反映了新旧大国的更替，也反映了南北关系正在发生根本变化。当前的全球治理体系是在第二次世界大战后美国一强独大的历史背景下建立起来的，也是在长期形成的南北巨大经济差距的条件下形成的。目前，中国经济规模已经超过美国的2/3，全球的

南北经济差距也即将拉平，传统的发展中国家与发达国家经济规模基本相当，必然要导致全球治理体系的一系列变化和利益的重组与平衡。研究各种双边、多边关系，要根据我们对全球治理体系变革的判断和主张来集成设计，逐步推进。目前来看，我国虽然研究国际问题的智库已经很多，但是缺乏对全球治理体系改革的系统深入和具有国际影响力的研究。当然从全球的情况来看，对全球治理体系的研究远远落后全球化发展的实践，这些需要各国智库的共同努力和加强交流。

二、充分打好海南这张牌

发展双边、多边和区域合作，面对的首要还是周边国家和地区，这是我们开展经贸工作和对外投资的重点，2019 年东盟国家已经取代美国成为我国第一大出口地。海南是中国最大的经济特区、最大的自由贸易区，应该在与周边国家特别是东盟国家合作方面发挥更大的作用，这就需要加快发展海南的经济总量特别是弥补海南的工业化短板，海南自贸港建设应该夯实产业基础，摆脱建省以来长期对房地产一业独大的依赖。

海南与周边国家和地区的合作，不应该把重点放在金融、服务贸易和旅游等方面，鉴于本地区已经具有多个国际金融中心和海南的基础条件，不应该再不切实际地提建设区域金融中心的口号，而应该优先考虑开发南海资源和与周边国家的产业合作，将此作为海南自贸区建设的重中之重，并大力争取与此相关的政策创新和金融财税支持。应该把南海变成造福这个区域的国家和地区的幸福之海而不是海上火药桶，运用举国之力、举国之智千方百计搁置领海争议，与邻国共商共建加快开发南海资源，这是关系中华民族复兴的大事，也是海南自贸区建设可以为国家做出的最大贡献，远远大于现有各种政策试验成功的意义。从中国构建国内大循环的新发展格局来看，也需要从以前过多依赖中东、俄罗斯、拉美的资源输入，转向更多开发我国近海的包括内陆特别是西部的资源。建议研究建立类似南海经济共同体组织，把与这个区域有关的国家包括日本、韩国和周边的菲律宾、越南、印尼等都纳入南海经济合作共同体。

建议海南特别要研究如何加强我国与印尼、菲律宾的产能合作，包括合作开发油气、矿产和渔业资源，利用海南自贸区的优势，吸引国内民营经济和外资到这里投资建设绿色大石化（学习舟山的经验）和大特钢产业，我们愿意配合中改院共同组织开展这方面的研究。

三、建议支持以韩国为主筹建东北亚银行

2020 年我们丝路产业与金融国际联盟曾经组织研究了一个课题，就是对关于建立东北亚银行的重新认识。这在亚洲基础设施银行以前就有不少研究了，但是当时多数都是主张以我国为主设立。现在我国在先后牵头成立了亚投行、上合组织国家银行和金砖国家银行之后，应该支持以韩国为主再成立一家东北亚开放银行（韩国一直有积极性）。因为日本已经最早主导建立了亚开行，而韩国也是本区域重要的发达国家，具有资本输出的能力和需求，并主要通过南海通道输入资源。

以服务贸易一体化推动粤港澳国际科技创新中心建设进程

迟福林　中国（海南）改革发展研究院院长

从全球经济发展看，在一个经济体的发展进程中，湾区往往是全球科技创新高地和新兴产业重要策源地。2019 年 2 月公布的《粤港澳大湾区发展规划纲要》明确要求大湾区“建设国际科技创新中心”。党的十九届五中全会进一步明确提出“支持北京、上海、粤港澳大湾区形成国际科技创新中心”。

在我国加快构建以国内大循环为主体、国内国际双循环相互促进的新发展格局背景下，创新在我国现代化建设全局中居于核心地位。粤港澳大湾区是我国开放程度最高、经济活力最强、创新能力最优的区域之一，具备建设国际科技创新中心的重要基础，在我国建设创新型国家中具有特殊地位和重要作用。从现实出发，加快粤港澳大湾区建设与国际科技创新中心建设，关键在于尽快实现粤港澳服务贸易一体化。

一、服务贸易一体化是粤港澳大湾区科技创新中心建设的关键所在

当前，服务贸易已经成为国内国际双循环的战略连接点。加快推进

粤港澳服务贸易一体化，不仅是加快粤港澳大湾区一体化进程的重中之重，而且是促进三地优势互补、提升三地整体竞争力的突破口，更是加快形成三地创新发展大环境、建设具有全球影响力的国际科技创新中心的关键之举。

1. 服务贸易既是我国参与国际大循环的重点，也是我国以内需为导向实行高水平开放的重点。从全球贸易进程看，服务贸易已经成为全球自由贸易的重点、焦点，并且在全球经贸规则重构中的地位和作用全面提升。2010—2019年，全球服务贸易年均名义增长4.8%，是同期货物贸易增速的2倍；服务贸易额占贸易总额的比重由20.3%提高至23.8%，预计2040年将提升到50%。从我国经济发展的需求看，服务贸易成为高水平开放的重点。2014—2019年，我国服务贸易额年均增长7.8%，是货物贸易增速的2.2倍，是外贸整体增速的1.9倍。在我国转向高质量发展的新阶段，产业结构、消费结构、城乡结构升级对生产、生活性服务业领域贸易的需求日益提升。预计到2025年，我国服务贸易占外贸总额比重将由2019年的14.6%提高至20%以上，并在制造服务、研发设计、数字经济等方面形成国际竞争的新优势。

2. 服务贸易一体化既是粤港澳大湾区融入新发展格局的重大举措，也是促进粤港澳市场一体化的关键之举。一方面，以扩大内需为导向推进高水平开放是粤港澳大湾区建设的重大机遇。例如，2019年，我国城乡居民服务型消费占比为45.9%，预计到2025年将达到52%左右，开始进入服务型消费社会，由此带来巨大的服务进口需求。预计未来5年，我国服务进口累计将达到2.5万亿美元，占全球比重将超过10%。

粤港澳大湾区服务业发展水平较高，并且拥有港澳作为自由贸易港的重要优势。粤港澳服务贸易一体化，能够使国际社会分享我国14亿人服务型大市场，更能使大湾区更好地融入国际市场。而目前的突出矛盾在于，受制于规则、标准等方面的差异，服务贸易一体化滞后成为大湾区市场一体化的突出短板。例如，2020 年 6 月 1 日施行的《〈内地与香港关于建立更紧密经贸关系的安排〉服务贸易协议》（修订版）中，对港澳服务提供者实行国民待遇的行业为 69 个，占所有规定行业的 45%，且主要集中在住宿餐饮、批发零售等低技术领域；2018 年，香港与内地服务贸易额占贸易总额的比重仅为 11.4%，粤港澳三地服务贸易合作的潜力远未释放。

3. 服务贸易一体化不仅将释放大湾区巨大经济增长潜力，也将释放巨大的创新活力。一方面，体制机制壁垒使得粤港澳服务贸易项下各类要素难以高效便捷流动。由此，制约了大湾区创新潜力的释放。例如，2019 年，粤港澳大湾区人均 GDP 为 2.3 万美元，大致相当于旧金山湾区的 22%、纽约湾区的 27%、东京湾区的 52%。另一方面，三地创新市场未能高度融合、科技要素流动的壁垒较高等制约大湾区创新活力的释放。例如，2019 年粤港澳大湾区的发明专利数量已居四大湾区之首，但从发明专利施引数与发明专利数的比值这一衡量专利质量指标看，四大湾区中，旧金山湾区为 2.93，纽约湾区为 1.60，东京湾区为 0.90，粤港澳大湾区仅为 0.75。由此看来，以服务贸易一体化推动研发等要素在大湾区内的高效配置和自由流动，才能充分释放大湾区的科技创新活力。初步估算，到 2030 年如果大湾区服务贸易项下的人员、资金、技术、信息等要素实现自由流动，基本实现服务贸易一体化，粤港澳大湾区人均 GDP 有条件超过东京湾区当前的水平。

二、制度型开放是推进粤港澳服务贸易一体化的重大任务

纵观粤港澳，涉及两种制度、三个关税区。实现三地服务贸易一体

化的实质性突破，既需要服务业市场全面开放的重要进展，更直接依赖于三地在服务领域推进以规则、规制、管理、标准等对接为重点的制度型开放。

1. 加快推动广东服务业对港澳的全面开放。近年来，南沙、前海、横琴三大片区在推动服务业对港澳开放方面取得初步成果。但从大湾区整体来看，广东服务业市场开放相对滞后仍然是大湾区服务业产业体系深度合作的突出障碍。建议：一是将广东自贸试验区内的开放政策扩大到整个大湾区，实现广东对港澳服务业开放的重要突破；二是赋予广东更大开放改革自主权，率先将港澳资本视为内资，取消或放宽对港澳投资者股比限制、经营范围限制；三是在广东实行对港澳更加精简透明的跨境服务贸易负面清单，破除跨境交付、境外消费、自然人移动等各种壁垒，给予境外服务提供者国民待遇；四是充分发挥金融开放对服务贸易自由化便利化方面的促进作用，率先实施与跨境服务贸易配套的人民币自由兑换与自由流动制度，推进人民币信贷市场对接，并强化大湾区金融监管合作。

2. 尽快推动粤港澳服务领域的规则、规制、管理、标准等的全面对接。在金融、法律、会计等规则难以对接，服务业领域各类人才未能互认的情况下，粤港澳服务贸易一体化难以实现重要突破。建议：一是逐步建立与港澳对接的服务业市场管理体系与资格互认体系，允许符合港澳标准的服务业企业、具备相关职业资格的人员，在广东备案审核后直接开展相关业务活动；二是加快推进产权保护与知识产权保护规则与港澳全面对接，形成各类产权保护的合力；三是借鉴 CPTPP 等国际最新投资贸易协定相关条款，在数字贸易领域先行先试，并在数据采集、存储、处理、流动、使用等方面开展规则探索与制度创新；四是建立仲裁、调节、协商等非诉讼对接平台，支持大湾区创建两大法律体系仲裁模式裁决跨境民商事案件，推动三地仲裁、调节结果互认。

3. 推进粤港澳服务贸易项下人才、货物等自由便利流动与高效配置。以推进人才、货物等自由便利流动为重点推动服务贸易一体化进程，是促进港澳更深程度融入我国双循环发展体系与创新体系的关键之举。建议：一是积极推进三地政府间商谈合作，共同制定人才双向认可清单，推进粤港澳职业资格与资历全面互认；二是全面推行“一签多行”政策，形成三地人才流动综合管理服务平台，让港澳人才能够更方便地到广东就业创业；三是鼓励并支持三地青年积极开展多种形式的沟通、对话、交流，尤其是鼓励和支持大湾区青年在科技创新上开展多种形式的合作；四是建立统一的海关查验监管和卫生防疫检验平台，最大限度消除非关税壁垒，在广东探索制定针对港澳的豁免查验商品目录或企业目录。

三、以制度型开放深化制度性变革是广东参与大湾区建设的重大课题

开放是最大的改革。制度性变革高度依赖于制度型开放。以粤港澳服务贸易一体化推进大湾区国际科技创新中心建设，需要在制度型开放进程中推动广东深层次市场化改革，率先建立高标准市场体系。

1. 深化以要素市场化改革为重点的深层次市场化改革。“十四五”广东需要在市场化改革的关键性、基础性领域尽快实现重大突破，并规范政府行为。建议：一是率先加快打破科技领域人才、资金等要素流动的体制障碍；二是全面实行以身份证代码为唯一标识的居住证制度，做好与港澳间居住制度的衔接，逐步降低港澳人员在广东申领居住证门槛；三是加快土地、数据等要素市场化改革；四是优化调整广东国资国企战略布局，加强国有经济在国家安全、国民经济命脉、战略性前瞻性等领

域的竞争力、创新力，并在此基础上尽快退出充分竞争领域等。

2. 率先确立竞争中性原则。当前，世界经济进入更高层次的合作和竞争新阶段，无论是推进高水平开放，还是积极吸引全球优质创新要素，都更加依赖于规则制度等软环境建设。建议：一是以竞争政策为基础加快推进产业政策转型，全面清理妨碍公平竞争的产业政策，推动实现产业政策向普惠化、功能性转变；二是制定适用于产业扶持政策的负面清单，将产业扶持政策严格限定在具有重大外溢效应或关键核心技术的领域；三是制定更加清晰透明的政府权责清单，明确政府参与宏观经济治理的边界与权限；四是进一步修订《CEPA 关于内地在广东与香港基本实现服务贸易自由化的协议》，将竞争中性引入协议内容，保障粤港澳市场主体在要素获取、准入许可、经营运行、政府采购和招投标等方面在大湾区公平竞争。

3. 完善大湾区开放合作协同机制。数据显示，旧金山湾区“跨城市专利合作比率”为 10.33%，东京湾区为 3.28%，纽约湾区为 1.57%，粤港澳大湾区仅为 0.95%。推进粤港澳服务贸易一体化涉及“一国两制、三个关税区”等，仅靠三地自身力量难以实现突破。建议在国家层面的粤港澳大湾区建设领导小组框架下，建立工作层面上的粤港澳大湾区建设协调机构以及核心城市与主管部门间直接对话的合作机制，就服务贸易一体化进程中的具体问题进行协商对话。

港澳最大创新应用市场在国内。未来 5~15 年，粤港澳大湾区以服务贸易一体化为重点，要牢牢立足我国 14 亿人内需大市场，突出自身创新优势，通过制度性变革，推动港澳更深程度融入国家创新体系，大湾区就有望在科技创新领域异军突起，并在我国科技创新、成果转化、新兴产业发展等方面发挥牵引、示范作用。由此，不仅推动粤港澳大湾区的高质量发展，也为全国的科技创新发展做出独特贡献。

百年大变局下我国对外开放战略选择

全　毅　中国太平洋经济合作理事会理事

严志兰　中共福建省委党校（福建行政学院）公共管理教研部教授

面对国际格局百年未有之大变局，特别是美国对华战略调整，新时代中国对外开放的任务仍然是为中国完成结构性改革、经济转型升级以及持续发展营造可预见的良好国际环境，跨越“中等收入陷阱”。作为复兴中的东方大国，中国与老牌世界强国美国之间正进入“崛起与遏制”的相持阶段。在大国竞争与博弈加剧，中国发展的外部环境恶化的情况下，中国对外开放战略既要考虑如何避免“修昔底德陷阱”，与美国合作达成共治世界的战略与策略，也要考虑在中美脱钩的情况下依然拥有广阔的发展空间的问题。

一、如何认识西方衰落与百年大变局？

西方世界衰落论在西方社会经久不衰，说明西方人具有深刻的危机感与强烈的反省意识。但是，衰落存在绝对衰落与相对衰落的差别。绝对衰落就是西方国家停滞不前而其他地区加紧赶超；相对衰落就是西方世界发展速度相对其他地区的赶超速度为慢，并最终被新崛起国家赶超的过程。现在西方世界并没有衰落，因为西方国家仍然在发展。所谓西方世界的衰落是一种相对衰落，处于量变阶段。因为其他追赶型国家在学习西方发展经验时，通过发挥比较优势，可以实现压缩型发展，比如东亚利用半个世纪就成功追赶上西方在过去300年的发展历程。如此看来，西方世界的衰落也是一个客观的历史过程。随着知识和信息的传播，后起国家只要选择正确的发展战略与政策，就能获得相对原发国家更快的发展速度，甚至实现赶超。正因为西方国家具有强烈的危机感，所以它们对新兴国家的崛起非常敏感，并竭尽所能延缓这种历史进程，包括植根于民主政治的纠错机制，利用西方北约军事同盟，区域经济一体化，离岸平衡的均势政策和遏制战略防止非西方国家崛起等战略和策略来维持西方世界的强势地位。

中国改革开放在40多年时间里就走完西方国家过去200年所走过的历程。但我国改革开放以来工业化所取得的成就并非像“厉害体”“吓尿体”所渲染的那样厉害，甚至超过美欧等西方发达国家。目前西方国家在科技创新与制造业竞争力仍然高居顶端。工信部苗圩部长指出：美国仍然处于世界制造业的顶端，是全球唯一主导型的科技创新中心，目前美国囊括了世界75%的诺贝尔奖，经济附加值最高，美国领导世界的巅峰时刻还远没有过去；而欧盟、日本等发达国家仍然领衔并垄断了世界高端制造领域的发展，属于第二梯队；中国和一些主要新兴经济体徘徊在中低端制造业领域，中国巨大的贸易顺差主要是靠廉价劳动力加工贸易取得的；其他最不发达国家处于第四梯队的资源驱动型增长阶段。中国经济从要素驱动的高速增长阶段转型迈向创新驱动的高质量增长阶段，中国制造业从制造业“外围”走向创新“中心”，还有很长的路要走。对此需要保持清醒的头脑，避免出现“美国已经衰落”的战略误判。只有中国和日本等东亚国家在科学研究（诺贝尔科学奖数量）与技术创新能力达到甚至超过美国和欧洲国家，世界政治经济力量重心才会真正转移至东亚地区。西方国家因为深刻的危机感与恐惧心理，进而对打破力量平衡的新兴崛起国家进行打压甚至阻止其发展的遏制战略，是造成“修昔底德陷阱”的根源。新兴国家要想规避“修昔底德陷阱”，需要选择正确的崛起战略与发展策略。

二、中国实现和平崛起需要确立新的战略

中国经过 40 多年的高速发展，中华民族复兴和未来发展的基础条件应该说处于最好时期，但也面临着严峻挑战。我们必须认识到经济发展并非一条直线，发达国家乱象丛生，并不表明中国发展前景一片坦途，中国仍然面临“中等收入陷阱”与“修昔底德陷阱”的双重威胁。中国为维持和平发展的国际环境先后提出和平发展战略和构建人类命运共同体思想。但中国的崛起与当今世界霸权国家美国的冲突仍然难以避免。这是美国霸权的本质所决定的，即美国决不允许中国成为亚洲的主导力量挑战美国的霸主地位，如同此前不允许苏联和日本成为亚洲主导力量一样。在美国转变对华政策时，我国仍然要奉行“深挖洞、广积粮、不称霸”的和平韬晦路线，保持战略定力，深化改革、扩大开放、内修外敛、做好自己、多做增信释疑的工作，为构建人类命运共同体而奋斗。对外宣传要强调我国社会主义市场经济制度与国际通行规则的一致性，务必谦虚向学。面对美国进攻性现实主义政策，中国要讲求斗争策略，以静制动，养精蓄锐、避其锋芒，不与美国正面相撞，总体上维持两国关系“斗而不破”的竞合格局，即不跟美国彻底翻脸，被迫进行全球范围内的零和博弈。

三、慎重处理好与守成大国的关系

中美关系的本质是崛起大国与守成霸主的关系模式问题。格雷厄姆·艾利森认为，美国对中国的战略选择可以是：一是选择容纳竞争者，即通过调整与严肃竞争者的关系来适应新的权力平衡的一种有力的措施，可以是一种特别的“避免冲突”，或谈判的方式承认新的力量平衡。比如英国对美国的容纳。二是选择削弱竞争对手。三是通过谈判获得“长期和平”，通过谈判对双边竞争性领域施加限制，但允许在其他领域寻求各自的优势。四是重新定义双边关系，即彼此尊重对方核心利益，共同发展一种新型大国关系。对于崛起国家来讲，中国对美国的战略选择有以下几种：一是选择竞争对抗，即在所有领域采取零和博弈策略，针锋相对。这将给双方都带来难以承受的巨大损失，但历史上挑战霸权国鲜有成功者。二是合作追随，比如同文同种的美英之间的合作追随关系，最后顺利替代。对中国来讲合作可以接受，追随美国比较困难，因为不符合中国独立自主的对外关系原则。三是选择韬晦孤立，即为集中精力搞好国内建设，在国际事务中采取低姿态。美国认为中国是想和美国平起平坐、共享霸权，因而难以接受，反应冷淡。但形成一种新型的竞争与合作关系，避免演变为你死我活的搏杀情形应该是可能的。无论如何，处理中美关系仍然是中国对外关系的重中之重。

中美两国是在一个世界体系中合作与竞争，共同为世界和平与稳定履行负责任大国责任，还是进行全面对抗与“冷战”，组建各自的世界体系，把世界带入一个极具破坏性和高成本的未来？中国必须思考如何在不挑战美国核心利益的情形下，和美国共同维护现有国际秩序并从中获益。中国始终要抱着与美国合作的愿望，以人类命运共同体为目标构筑合作共赢的新型大国关系。中美两国都应本着做负责任大国的态度，在全球治理和区域治理层面加强沟通协商达成共识，合作是唯一正确的选择。一是在多边贸易体制与全球治理中，中国要确立多边共治战略与策略。当前全球化面临的紧迫问题是与时俱进地修改完善国际多边贸易的规则，而更紧迫的问题是如何构建新型大国关系，以求得共识与合作。中美应以贸易磋商为契机，为解决两国经济失衡在结构性改革问题上达成某种共识。二是亚太地区仍然是中国发展的重要地缘依托。

四、中国对外开放合作要坚持两条腿走路的策略，增强谋划国际规则的能力

一是面向发达国家，构建以规则为导向的高标准贸易与投资协定。二是面向“一带一路”国家，构建以发展为导向的经贸合作规则。

我国经济社会要持续发展，跨越“中等收入陷阱”，进入发达国家行列，要求实现面向发达国家的开放战略。中国改革开放实际上就是不断对标世界先进的国际经贸规则与惯例，改革国内各种体制机制，让市场在经济运行和资源配置中起基础性作用，从而提高经济运行的效率的过程。“一带一路”沿线等广大亚非拉发展中国家作为全面开放格局的重要一环仍然无法替代美欧日开放合作的重心地位，特别是原创性科技方面，中国对发达国家依赖更深，而原创性科技背后是制度与文化。这方面我们与西方发达国家还存在巨大差距，我国应该实行拥抱西方和世界的政策，扩大同美欧日等发达国家的接触与经贸合作，与发达国家构建规则为导向的高标准、高质量的自由贸易与投资协定，适应新一轮国际经贸新规则重构的形势，避免重新成为“局外人”。当前尤其要重视与欧盟和日本的合作，欧盟作为世界上最成熟的区域经济合作组织，对

世界多边贸易体制具有重要影响，中国与欧盟的共同利益在增加。要争取与欧盟尽快达成双边投资协定，既能推动中国国内结构性改革进程，完善社会主义市场经济体制，破除中国非市场经济地位，也为突破美国的围堵构建中欧自贸区奠定基础。强化中日韩合作，利用中日韩东亚区域文化认同，推动中日韩自贸区谈判取得进展。

加强“一带一路”经贸合作规则建设，推动中国经济与世界经济深度融合。党的十九大报告强调：重点推进“一带一路”建设，积极打造亚洲基础设施投资银行、丝绸之路基金以及六大经济走廊、双边和多边自由贸易区、境外经贸合作区等国际合作新平台，增添共同发展新动力。但随着大国竞争与博弈的日趋激烈，建设风险也在不断积累。因此，应推动“一带一路”合作机制与经贸规则建设，提高“一带一路”合作机制化与规范化水平，降低经济合作的不确定性与风险。要与“一带一路”沿线国家签署以发展为导向的适应发展中国家水准的自由贸易与投资协定。“一带一路”为核心的发展中经济体特别是金砖国家具有极大的经济增长潜力。巴西等南方共同市场与欧盟已经达成高标准自由贸易协定。我国在运筹谋划国际规则方面能力有待加强。我国与“一带一路”沿线国家签署的自由贸易协定，应以经济技术合作议题为主以减少投资壁垒，特别是为国有企业参与基础设施和能源资源领域的对外投资提供制度保障。

五、以合纵策略突破美国连横策略

中美贸易战将加速美国的连横战略，美国将战略重心转移至印太地区，构造以美日澳印联盟的印太战略，构筑应对中国的盟友圈。中国要重点经营中国—东盟自贸区（或 RCEP）与上海合作组织（或欧亚联盟）

的南北两翼以突破美国包围网。

在南面，中国率先与东盟确定建立自由贸易区，带动了其他域外国家对自贸安排采取更为积极的态度。在中国试图主导的东亚 10+3 合作进程受到挫折后，应当重点经营南北两翼的中国—东盟自由贸易区和上海合作组织。中国推动达成中国—东盟自贸区升级版协议（CAFTA），并积极支持东盟推动 RCEP 谈判。2019 年 11 月 4 日 RCEP 曼谷领导人会议发表联合声明：除印度外，RCEP 15 国协议文本与市场准入谈判基本结束，并争取在 2020 年签署协议。RECP 对中国推动区域经济合作与亚太区域一体化具有重要战略价值，应积极争取拉住日本和印度，破解美国印太战略的压力。RCEP 谈判议题已经超出传统的自贸协定内容，同时也更多地反映了亚太区域成员关于发展的议题，协定有助于巩固亚太地区产业链、供应链和价值链。

在北面，上海合作组织已完成机制化建设，逐步从政治安全合作向经济贸易合作扩展，中国和俄罗斯为此发挥了不可替代的重要作用。上海合作组织要继续完善打击三种势力和非传统领域的安全机制，以及贸易与投资便利化措施。2018 年 5 月 17 日中国与欧亚经济联盟（俄、哈、白、吉、亚）签署经贸合作协定，强化政策与规则对接；提升海关程序、检验检疫与技术标准合作水平；加强知识产权、政府采购和电子商务等领域经贸合作。但是，俄白哈关税联盟实际上成了中国与中亚合作的“一堵新墙”，应积极探索与欧亚经济联盟和蒙古国启动双边自由贸易区谈判的可能性，降低关税与投资壁垒。

六、以竞争中性原则深化市场经济体制改革，加快构建开放型经济新体制

中国市场化改革遵循双轨制道路，形成国有企业、外资企业和民营企业实行不同的政策法规。经济体制改革不彻底与市场经济制度不完善阻碍了资源配置效率和经济转型升级的步伐，引发国际社会对我国经济体制的强烈质疑。

面对国际金融危机后国际经贸规则的重构与全球治理体系的变革，以及 WTO 改革与 TPP/CPTPP、OJEPA、USMCA、TTIP 等新动向，我国对外开放必须更加注重制度创新和营商环境建设。实现对外开放由过去依靠政策优惠向投资贸易便利化、制度法规透明化、监管公平高效化转变，以制度创新营造市场化、国际化、法治化的营商环境，将国内市场化改革与对外开放紧密结合，以竞争中性为原则深化市场经济体制改革，构建高水平开放型经济体制。对内加快推进深化市场化改革，以建设高质量的市场经济制度为目标，转变政府职能，推动国有企业混合所有制改革，利用股权多元化来弱化政府背景，改善公司治理结构，构建清晰的政商关系；完善反垄断立法和公平贸易法律建设，破除行政壁垒，推动各类企业公平竞争。“按照竞争中性原则，在要素获取、准入许可、经营运行、政府采购和招投标等方面，对各类所有制企业平等对待”。全面实施市场准入负面清单制度，改革生产许可制度，加强产权与知识产权保护，营造统一、公平、透明、可预期的良好营商环境。

对外扩大开放，以建设高水平开放型经济体制为目标，推动市场准入持续放宽和贸易投资自由化与便利化，加快推动京津冀协同发展、长江三角洲一体化发展、粤港澳大湾区建设。加快自由贸易试验区、沿边

跨境经济合作区建设，在海南、上海港、天津港或大连港探索内地再造几个香港的自由贸易港建设，打造开放发展新高地。以自由贸易试验区和国际自贸协定为载体，通过双边、区域合作协定协调自然人移动和出入境签证服务，促进国内外资本、技术、管理人员、劳动力、信息、服务的自由流动，资源高效配置，市场深度融合，加快培育参与和引领国际经济合作竞争新优势。同时，加强事中事后监管制度与能力建设，完善外国投资安全审查制度，对外国资本进入实行无偿准备金制度防止国际游资大进大出；金融监管需要改变分业监管的模式，加强银监会、证监会和保监会在筑好防火隔离墙的同时，强化协调合作，建立数据共享系统，建立数据共享和分析监测体系，堵塞监管漏洞。

七、积极参与区域和全球治理，构建人类命运共同体

面对日益严重的全球经济碎片化和逆全球化民粹主义兴起，习近平总书记从中国国内治理的成功经验出发，就全球化与全球治理提出一系列植根于中国思想的全球治理方案。

坚持开放、合作与共享的全球治理理念，构建人类命运共同体。中国在对外开放中要积极参与全球和区域经济治理。习近平同志指出，全球经济治理应该以开放为导向，坚持理念、政策、机制开放，适应形势变化，广纳良言，充分听取社会各界建议和诉求，鼓励各方积极参与和融入，不搞排他性安排，防止治理机制封闭化和规则碎片化。因此，中国坚持维护世界贸易组织开放、透明、非歧视的国际经贸规则，维护开放型世界经济。习近平强调：中国将始终不渝地走和平发展道路、奉行互利共赢的开放战略，坚持正确义利观，树立共同、综合、合作、可持续的新安全观，谋求开放创新、包容互惠的发展前景，促进和而不同、

兼收并蓄的文明交流，构筑尊崇自然、绿色发展的生态体系，始终做世界和平的建设者、全球发展的贡献者、国际秩序的维护者。

推动 WTO 改革进程，维护世界多边贸易体制。中国作为世界多边贸易体制的受益者，坚决维护 WTO 作为世界多边治理体制的主渠道作用。由于美国阻挠上诉机构仲裁法官的遴选，WTO 上诉机构于 2019 年 12 月 11 日陷入停摆，世界多边贸易体制遭到沉重打击。为维护世界贸易组织的权威性和有效性，中方进行了不懈的努力。2020 年 3 月 27 日，中国、欧盟和其他 10 多个世贸组织成员联合发表声明，决定在世贸组织建立多方临时上诉仲裁安排。该机构将在上诉机构停摆期间，利用世贸组织《关于争端解决规则与程序的谅解》第 25 条规定的仲裁程序，审理各参与方提起上诉的争端案件。各参与方已就临时上诉仲裁安排的案文达成一致。当前，建立多方临时上诉仲裁机构，有利于维持世贸争端解决机制的运转，维护以规则为基础的多边贸易体制，显示了国际社会对多边贸易体制的信心与支持。中方仍将坚持多边共治策略，积极支持和推动解决上诉机构遴选僵局作为 WTO 改革的优先事项。

把深圳打造成为中国基础科研的示范基地

李罗力　中国（深圳）综合开发研究院副理事长

推动更高水平开放是我国最新重要战略，深圳从“经济特区”上升为“社会主义先行示范区”，是一个伟大的历史飞跃，它标志着深圳在改革开放的新时代，肩负了更重大的历史使命，要为中国特色的社会主义建设、为中国新型的开放型经济新体制做出更大的贡献。

那么从深圳作为先行示范区来讲，如何为我国建立开放型经济新体制做出特殊的贡献呢？这里仅讲一个核心观点，即在下一个新的历史发展时期，深圳应该成为中国基础科研的领先者和示范基地。

现在很多专家学者都指出，建设中国开放型经济新体制面临很大的一个核心问题，就是我们国家的基础科研能不能迅速赶超世界水平。如果今后我们国家的基础科研方面始终落后于西方发达国家，而这些基础科研的核心能力始终掌握在欧美发达国家手里，那么我们国家的开放型经济新体制是永远不可能真正建立起来的，我国的“崛起”也永远是被人家“卡脖子”的。

那么，为什么我提出要把深圳打造成我们国家基础科研的示范基地呢？

众所周知，深圳现在已经成为我国乃至世界上最出色的创新基地之一。有资料表明，至2018年，全社会研发投入占GDP比重达4.2%，居全球前列；PCT 国际专利申请量达 1.8 万件，连续 15 年居全国首位；战略性新兴产业增加值增长 9.1%，高新技术产业增加值增长 12.73%；国家高新技术企业 14415 家，居全国大中城市第二。

但是深圳的产业创新、产品创新有两个显著的特点：

第一，深圳的创新基本上都是加持型创新和应用型创新，而不是基础型的科研创新。

第二，深圳的创新主要是企业的创新和民间的创新。民营企业成为深圳创新的主力军，例如华为等大型企业的创新甚至在整个中国的创新中（包括申请专利方面）占一半以上份额。

这从另外一个方面也说明，深圳的创新存在一个很大的短板，那就是在基础科研领域里深圳的科研能力和创新能力还是相对比较弱的。

当然，这与我国长期以来对科研的战略布局有关。新中国成立以来，国家著名的大专院校和著名科研院所基本上都布局在内地的大中型中心城市。深圳作为改革开放后才从小渔村兴起的一个新兴城市，在前面 30 年中几乎没有得到国家在这方面的重视和战略布点。因此，可以说，40 多年来，深圳虽然在应用型创新、企业创新、产业创新方面走在全国前列，但是在基础科研创新中并没有发挥出应有的作用。

因此，在新的历史时期，深圳作为社会主义先行示范区，应该树立一个根本的目标，就是要打造成为中国的“硅谷”。美国“硅谷”的最大特点就是把全球顶尖的基础科研创新和全球顶尖的应用型产业研发创新高度结合在一起，使其不但成为世界最领先的尖端科研创新基地，而且也成为世界最领先的产业、产品研发创新基地。我认为，深圳作为社会主义先行示范区，应该在这方面为建设中国新型的开放型经济发挥最重要的作用。

为什么深圳最适合建立这样的示范地，而不是上海、北京或西安、武汉呢？众所周知，在这些传统的大型中心城市中，国家著名的大专院校和科研院所远远多于深圳，基础科研的设施、科研人才和科研队伍也比深圳要雄厚得多。

深圳要建成中国的“硅谷”具有以下几个其他地方不能相比的优越条件。

第一，深圳具有国内其他地方都不可比拟的创新动力。现在深圳已经被公认为是全国乃至全球的创新中心。无论深圳的政府、企业乃至社会各界，都具有强烈的创新意愿和创新动力，这已成为这座城市最根本的特色。毫无疑问，这种创新动力将把深圳建设成为国家乃至全球的基础科研基地，也会激发强烈的实现意愿和变革驱动。

第二，深圳有全国其他地方都不可比拟的创新环境。深圳有国内相对比较发达的市场经济，这样一个比较发达、完善的市场环境有利于基础科研创新。众所周知，我们国家传统科研机构和传统院校所走的科研之路，实际上就是“象牙塔之路”，是与市场经济发展和产业及产品研发不能很好地相互结合之路，是以理论创新和实验室创新为特色的科研道路。这条路与真正的“硅谷之路”相差甚远。而建设“硅谷之路”要在那些市场经济相对不够发达、产业及产品研发创新相对较弱的城市中实现是很难做到的，因为在那里所遇到的观念、体制、机制、要素和配套环境等的障碍要大得多。但是在深圳，这些障碍都要小得多，因此只要下大力气在深圳把基础科研的顶尖人才、顶尖队伍、顶尖设施引进来，建设起来，那么深圳实现“硅谷之路”就要容易得多，迅速得多。

第三，深圳具有全国其他地方不可比拟的相对完备的科研及产业创新链。一方面，由于现在深圳已经成为企业和产业创新中心，从企业研发、中试、量产到大规模生产，存在着国内其他地区都不可比拟的相对完备的创新产业链。另一方面，深圳相对发达的市场经济对于产品和产业创新或能够升级换代的科研创新项目有巨大的市场需求，只要科研成果能够具有相当的创新价值和市场实用价值，就会立即吸引大量产业基金、投资基金进来加持，并通过中试、量产变成相关企业和产业的拳头产品，这样创新的重要拳头产品进入市场后，必将不断扩大市场占领份额，从而实现基础科研强大能力与产业创新强大能力的很好结合。

第四，深圳近10年来在基础科研方面已经做了很大的布局，为建设中国一流的基础科研基地奠定了重要的基础。

有资料表明，近年来，深圳着力建设高水平基础研究平台与高水平大学，至2018年底，累计建成各类创新载体2214家，其中国家级115家、省部级595家，获批建设4家省实验室，建设基础研究机构13家、诺奖实验室9家、省级新型研发机构42家；同时，深圳引进了一批国内外名校，共建深圳校区和特色学院，其中最重要的有南方科技大学、哈工大（深圳）、香港中文大学（深圳）、深圳科技大学、北理工莫斯科大学等；深圳已设立大型科学仪器设施资源共享管理中心，超过1.3万台/套仪器；在财政投入方面，深圳扩大财政资金用于基础科研比例，2012—2017年，深圳财政科技支出1287.49亿元，年均增长约50%，2018年增长57.7%。在科技成果产业化方面，深圳设立技术转移促进中心，拥有国家技术转移示范机构13家，还构建了17个产学研创新联盟，打造高交会、深创赛等创新成果转化平台，培育国家级孵化器、众创空间等各类孵化载体300余家。在人才方面，深圳人才资源总量达548万人，经认定的海内外高层次人才近1.3万人，高层次人才平均年龄39.3岁。以上只是至2018年底的数据。据了解，到目前为止，深圳基础科研的布局已经又有了新的、长足的、重大的进展。

总之，笔者认为深圳具备以上四大其他城市和地区所不可比拟的优势，即深圳有条件、有能力且有优势打造成为我们国家新时期基础尖端科研基地。

为此，建议深圳作为先行示范区：一是要创新深圳基础科研投资体制和机制，不仅要加大政府对基础科研领域的投资，而且还要把民间资本、海外资本都吸引过来。二是要加大深圳基础科研领域的创新管理机制，一定要把基础科研与企业研发、产业创新和市场发展融合起来，不能再走传统科研院所大学那种“象牙塔”式的老路。三是要进一步改变用人和引才用才的机制和方式，要把更多的顶尖科研人才引进来，同时用好各类科研和研发人才，要建立基础科研领域的强大科研队伍。四是要改变深圳现有已经设立的大学体制和机制，建立更多美国斯坦福式大学，把它们建成庞大基础科研人才的摇篮。五是国家要把扶持深圳建设成为中国的“硅谷”纳入新时期大的战略布局上来，要加大国家在基础科研领域对深圳的倾斜，要支持和引导深圳尽快成为整个国家的基础科研和尖端科研的主要基地。

总的目标是：要尽快把深圳打造成为中国的“硅谷”。

共享繁荣经验，同促全球发展

屈四喜　联合国世界粮食计划署驻华代表

在当前许多国家仍在新冠疫情中挣扎的时候，中国在全球率先走出了疫情的阴影，社会生产和经济生活重新焕发勃勃生机。

众所周知，始于1978年的改革开放成就了当今的中国。经过40多年的努力，中国即将实现第一个百年梦想，消除绝对贫困，全面建成小康社会。当今的中国不仅与世界紧密地融合在了一起，而且在国际舞台的中央发挥着举足轻重的作用。中国的发展与进步极大地促进了人类的进步，为广大发展中国家树立了光辉的榜样。

作为联合国系统中最大的人道主义援助机构，联合国世界粮食计划署以“拯救生命、改善生计”为使命，致力于推动全球粮食安全和营养改善。我们通过紧急援助、灾后重建、社会保障、学校供膳和小农发展等项目，每年向全球80多个国家的近一亿人口提供援助，为世界的和平与发展做出了重要贡献。

作为在改革开放之初最早来到中国开展合作的五个联合国机构之一，联合国世界粮食计划署是中国改革开放与发展繁荣的见证者、参与者和贡献者。新形势下世界粮食计划署与中国的合作正在呈现出新时代的崭新格局。

伴随中国改革开放的历程，联合国世界粮食计划署与中国的合作具有不同的时代特点。40多年前的中国，每三个人中就有一个人吃不饱。自那时起，世界粮食计划署开始同中国合作，在中国实施水土保护、生态林建设、流域治理、农业综合开发、畜牧水产发展、灾后重建等70多个大型无偿援助项目，这些项目遍及中国所有省市区，直接惠及了3000多万人，为中国的反贫困事业做出了积极贡献。

自2006年以来，特别是2016年后，开放进步的中国逐步成为联合国世界粮食计划署追求全球零饥饿的重要伙伴，如今双方的合作呈现出崭新的时代特点。目前，世界粮食计划署通过南南合作帮助发展中国家分享和借鉴中国的成功经验与先进适用技术、在中国募集资源支持世界粮食计划署全球工作，同时，在中国国内探索实施创新性的合作项目助力中国精准扶贫和乡村振兴。作为“世界粮食计划署农村发展卓越中心”，世界粮食计划署中国办公室在中国政府的大力支持下，积极帮助发展中国家借鉴中国在扶贫开发、粮食安全、农村发展等方面的成功经验与先进适用技术，尤其在小农价值链能力建设、减灾防灾、气候变化应对、营养改善等领域卓有成效的做法。

面对2020年突发的新冠疫情，联合国世界粮食计划署同中国开展了密切的合作，积极有效地助力中国和全球应对疫情挑战。在疫情早期，我们协助将海外的抗疫物资运到中国，向湖北捐赠了50台非侵入式呼吸机和一台体外膜肺氧合机ECMO。当中国国内的疫情初步得到控制后，世界粮食计划署协助中国政府部门和阿里巴巴等向非洲全部54个国家运送了8批防疫物资和医疗设备，并在中国设立了面向所有联合国机构和其他抗疫伙伴机构的联合国人道主义援助物资临时枢纽。截止到11月6日，从该临时枢纽为全球158个国家、23个国际机构共运送了5.8万方的抗疫物资，这占整个联合国人道主义应急物流网全部运输量的80%以上，有力地支持了全球抗击新冠疫情。

为应对未来突发的人道主义危机需要，当前，世界粮食计划署与中国政府正在积极落实习近平总书记宣布的对外承诺，加紧推进在中国建设联合国人道主义物资长期枢纽。此外，为帮助发展中国家增强疫情应对能力，我们会同国家有关部委和其他相关伙伴就“电商促进乡村价值链发展、灾害风险管理、产后减损”等主题举办了一系列的线上研讨会，来自 40 多个发展中国家的 1700 多人参加了交流。

联合国 2030 发展议程要求国际社会共同努力，在 2030 年争取实现零饥饿。然而，尽管我们已经付出了巨大的努力，全球饥饿人口自 2014 年以后却每年增长过千万。短短 5 年时间，全球饥饿人口增加了 6000 多万，在 2019 年底已经达到 6. 91 亿。据测算，2020 年突发的新冠疫情很可能使全球饥饿人口再增加 1. 3 亿。显然，这种趋势使全球粮食安全形势已经完全背离了 2030 年发展目标。为此，为了协调和强化国际社会的行动，联合国将在 2021 年召开“粮食系统峰会”，联合国世界粮食计划署作为五个牵头机构之一，将积极推动全球在“食品安全与营养、消费可持续、合理利用资源、平等生计、风险抵御”等五大领域的合作。

联合国成立以来，为世界的和平与发展提供了有效支撑，但它的困难从未远去，特别是近年来，单边主义、孤立主义、去全球化思潮不断挑战人类的智慧。但如今的中国，开放而自信，是国际合作的积极倡导者、实践者和贡献者。联合国世界粮食计划署愿意拓展更加广泛深入的伙伴关系，与更多政府机构、科研单位、企业和社会团体共同开展积极、务实的合作，为中国更高水平的开放与国际合作、为建设一个没有饥饿的美好世界，做出共同的努力。

中国特色对外开放战略的实践与演进方向

刘　伟　广东省社会科学院国际问题研究所所长

杨海深　广东省社会科学院国际问题研究所助理研究员

改革开放40多年来，深圳在不同的发展阶段进行的对外开放探索，体现了我国对外开放是从实际出发、与改革紧密结合，依靠自力更生、艰苦奋斗，渐进式推进，逐步融入并终将引领经济全球化的历史进程。深圳经济特区的对外开放实践就是我国未来高水平开放可行的道路，因此，梳理深圳经济特区成立40多年的开放探索经验，有助于揭示中国特色对外开放战略演进的基本规律，从而更准确把握新时代国家对外开放战略的高度与实质。

一、回溯开放历史：深圳经济特区四十多年的开放探索

党的十一届三中全会决定把工作重点转移到社会主义现代化建设上来，实行改革开放的战略决策，拉开了我国对外开放的序幕。1979年7月，党中央、国务院批准广东、福建两省实行“特殊政策、灵活措施、先行一步”，并试办出口特区。之后，深圳、珠海、汕头、厦门、海南5个经济特区相继建立。自此，经济特区成为在对外经济活动中实施特殊政策的先行地和试验田，也成为消除国内资源短缺、突破国内制度观念

障碍、发展经济的对外窗口，尤其是深圳敢闯敢试、奋发有为，在建设中国特色社会主义伟大进程中谱写了勇立潮头、开拓进取的壮丽篇章，成绩斐然。

1. 在率先开放中培育产业国际竞争力

早在1980年，深圳特区起步之初抓住国际产业转移机遇，利用毗邻港澳的优势，积极引进三资企业，大力发展加工贸易，快速推进工业化，并逐步形成了电子、缝纫、纺织、机械等重点行业，产品以出口外销为主。通过“两头在外”，低成本参与国际经济循环，深圳制造业逐步扩展并在与国际市场互动中不断转型升级。1992年小平同志“南方讲话”之后，深圳加快市场化改革，加快推进转方式和调结构，扶持高新技术产业推动制造业转型升级，从粗放型扩张开始转向追求质量效益提升，产业结构优化，产业国际竞争力不断提升。1979—2019年，深圳进出口总额从1676万美元提升到4315亿美元，年均增长28.9%，外贸出口连续27年居内地大中城市首位；2020年1—9月，虽受全球新冠肺炎大流行影响，深圳进出口总值仍达到3200亿美元，同比增长2.7%，增幅居全国前五大外贸城市首位，占中国外贸进出口的9.4%。深圳开放型经济建设取得显著成效，成为引领我国参与国际产业竞争的“领跑者”。

2. 在高水平开放中提升自主创新能力

2001年，中国正式成为世界贸易组织（WTO）成员，标志着我国开放将全面对接WTO的国际规则，对外开放进入国际化阶段。面对全国各地纷纷开放的百舸争流局面，深圳原有的政策先行优势不再明显，而随着城市发展，土地资源、水电、劳动力资源陷入难以为继的困境，深圳政策优势不再突出，地缘优势也有很大的弱化，生活指数、商务成本都比较高，2002 年后的一段时间，忧患意识和危机感曾经深深笼罩着深圳人。深圳如果不走创新驱动的道路，新旧动能不能够顺利转换，产业就不可能真正强大起来。

在这样的背景下，深圳决定以更开放的环境匹配科技创新，以对标衔接国际最前沿科技产业的思路，加强重大“卡脖子”关键核心技术攻关，助推深圳走在中国科技创新的最前沿，逐步成为合作创新的“领跑者”。为此，深圳主动融入“全球创新链”，抓住全球科技革命和产业变革带来的重大机遇，深入推进供给侧结构性改革，打好产业基础高级化、产业链现代化攻坚战，培育一批具有高成长性的未来型企业，在现代制造业的多个领域实现从跟跑、并跑到领跑的质变。华为、比亚迪、大疆等一大批深圳龙头企业，在国际产能合作、国际并购、国际市场拓展中，屡屡赢得先机，且投资不断向价值链高端延伸，使开放发展能级不断得到提升。与此同时，引领大湾区走出一条创新驱动发展的新路、好路，从而在激烈的全球市场竞争中真正占据主动。深圳不断发起“原点冲击”，以世界眼光，率先建设体现高质量发展要求的现代经济体系，借鉴国际先进经验，布局重大创新平台载体，大力发展以 5G、8K、人工智能为代表的新一代信息技术产业。

3. 在双向开放中提升国际经贸规则竞争力

党的十八大后，我国对外开放的基础和条件已经发生了根本性变化，开放布局需要完善、更需要创新。2012 年末，习近平总书记视察深圳时强调，改革不停顿开放不止步，鼓励深圳在探索开放型经济新体制、建设高水平对外开放门户枢纽、深化粤港澳合作等方面迈出新步伐。新时代开放的特征就是双向开放，“引进来”与“走出去”并举，这是中国从对接国际市场逐步走向引领国际市场的开始。深圳毫无疑问地成为向世界输出中国产品、中国服务、中国标准的最前沿。“一带一路”倡议共建7年来，华为、中广核、招商局国际等一批深圳本土企业项目，被纳入国家“一带一路”重点项目库，以及广东省“一带一路”优先推进项目清单。深圳在境外直接投资设立的企业（机构）超过4000多家，位居全国地方城市前列；深圳对外承包工程规模在全国地方连续保持第一优势；以高科技为主的深圳优势产品享誉国际市场。深圳作为服务粤港澳大湾区的核心城市，正努力加快与港澳推进深度协同，着重完善“一带一路”服务体系，打通“一带一路”“最后一公里”，构成涵盖产业协调、资本合作、人才培训、风险防范等相关内容的多层次国内支持体系和海外促进网络，引导大湾区企业大规模“走出去”，在“一带一路”沿线的重点国别、优先领域、关键项目取得突破性进展，形成聚焦高端产业、投资形态多样、资源高效配置的对外投资合作全球布局。

近年来，深圳以前海自贸区建设为核心，打造新时代广东全面深化改革和扩大开放的试验田，前海作为深圳现在和未来的城市新主场，这里将开启深圳改革开放再出发的下一个40年。前海以面积仅28.2平方公里的小小“身躯”，释放出巨大的改革能量，成为我国经济发展最快、效益最好的区域。前海是牵一发而动全身的重要突破口，其实质就是以双向开放构建开放型经济新体制，率先挖掘改革潜力，突破对外开放局限，并发挥示范引领、服务全国的大局作用，将前海自贸片区建设成为粤港澳深度合作示范区、粤港澳大湾区核心增长极和全国新一轮改革开放先行地，为全国形成全面开放新格局探索新途径、积累新经验。前海蛇口自贸片区始终坚持以制度创新为核心、以风险防控为底线、以可复制可推广为基本要求，大胆试、大胆闯、自主改，坚持先行先试、边行边试、合作共试，逐步形成了覆盖八大板块制度创新的“前海模式”。2015年挂牌以来，前海累计推出制度创新成果520项，在全国复制推广

50 项，粤港澳大湾区复制推广 5 项，全省复制推广 69 项，全市复制推广 165 项，制度创新总指数在全国自贸片区中排名第一。

二、面对开放挑战：百年未有之大变局下开放再启航

1. 美国对华贸易战严重阻碍中国科技企业的开放发展

美国对华贸易战的核心就是要打击中国高新科技产业和企业发展，遏制中国产业创新和升级的步伐，阻止中国先进科技崛起和高端制造业发展势头。2019 年 5 月，美国商务部正式将华为列入“实体清单”，禁止美国企业向华为出售相关技术和产品。2020 年 8 月，美国商务部又针对华为发布新一轮制裁措施，进一步限制华为获取美国技术的能力，重点限制美国以外企业用美国软件设计的芯片，并且将 38 家华为下属企业加入实体清单。至此，华为芯片外购能力严重受到限制。此外，在美国的强势干预下，包括英国、澳大利亚、加拿大、日本、印度、瑞典等国和欧盟均已采取限用华为 5G 技术措施。从华为连续被美国封杀制裁的案例中可以看出，美国对华贸易战科技战的战略目的是抑制中国科技创新崛起，保证美国“科技立国”根基不动摇。即使是拜登当选新的美国总统，但是他的主张之一就是对华将采取强硬措施，不让中国主导未来的技术和产业发展。因此，我们要清醒地看到中美在科技领域的博弈具有长期性和斗争性。

2. 全球疫情长期化阻碍中国对外开放协作

2020 年以来，新冠肺炎疫情全球大流行影响广泛深远，令本已复苏疲态尽显的世界经济雪上加霜，造成经济严重衰退，全球产业链、供应

链存在断裂风险，国际贸易投资萎缩，全球大宗商品市场动荡不堪，也严重影响中国对外开放协作。全球疫情蔓延造成中国经济外循环受阻。受疫情冲击，我国外贸形势更加复杂严峻，外贸企业陷入接单难、交货难、国际物流不畅、贸易壁垒增多等诸多发展困境，经济外循环的通畅度大为降低。另外，从国际产业分工的角度看，疫情蔓延且长期化趋势对我国参与产业链全球化程度比较高的制药、半导体、汽车制造等行业，以及强顺周期的能源行业造成较大影响，有可能造成分工对接不协调，甚至是供应关系中断。

三、擘画开放未来：高举人类命运共同体旗帜共建地球村

改革开放以来，中国开放历程与比较优势历经多次转变，总体上朝着更加积极主动的开放和以自主创新能力为特征的比较优势演进。党的十八大以来，以习近平同志为核心的党中央准确把握和平、发展、合作、共赢的时代潮流和国际大势，从中国特色社会主义事业“五位一体”总布局的战略高度，从实现中华民族伟大复兴中国梦的历史维度，以开放促改革、促发展、促创新，加快建设开放型经济强国，谱写了中国与世界互利共赢的新篇章。

1. 构建人类命运共同体理念下自主开放型国家

人类命运共同体理念的提出，是新时代建设我国自主开放型国家新战略、新举措的具体体现。描绘人类命运共同体，不仅体现了我国一贯维护世界和平、谋求共同发展的开放战略，更是新时代中国对人类文明走向做出的重大战略思考。在人类命运共同体理念下建设自主开放型国家更是中国在新时代所做出的开放战略新部署，表明中国在坚持独立自

主和平发展的前提下，全面倡导和平和谐、共同繁荣的世界秩序。因此，构建人类命运共同体不仅表明中国坚持走和平发展的道路，更体现了中国在顺应历史发展规律与时代发展潮流中走向自主开放的坚定信心与决心。

人类命运共同体理念得到国际社会越来越多的认同。它先后载入联合国和安理会决议，进入国际人权话语体系，并凝聚起越来越多的和平希望与发展力量。尤其是在当前新冠肺炎疫情威胁全球人类生命和健康的关头，人类命运共同体理念支撑下的生命权、健康权要明显优于西方假借“自由”和“人权”之名的“普世价值”。并且，中国做出的将研发成功的新冠疫苗作为全球公共产品的庄严承诺是对人类命运共同体理念下的构建人类卫生健康共同体的最好注解。未来，要从人类命运共同体高度建设自主型开放国家，要在开放合作中谋求自身发展的同时，增进中国人民的根本利益和世界人民的共同利益，实现互利共赢。特别是针对疫情防控，我们要继续扩大开放，不仅积极与国际社会加强防疫科技合作，而且还与有关国家在检测试剂、药物、疫苗等方面开展科技合作，为打好疫情防控全球阻击战贡献中国力量，以实际行动维护全球化理念，诠释构建人类命运共同体的核心要义。

2. 实施新举措在更加主动开放中彰显大国担当

党的十八大以来，我国从推动形成全面开放新格局的战略全局出发，实施了一系列重大开放举措，包括基于双边或多边自贸协定的自由贸易区战略、“一带一路”倡议和21个自由贸易试验区建设等，这充分体现了对外开放在我国实现各项中心工作要求的极端重要性。党的十九届五中全会提出，“要坚持实施更大范围、更宽领域、更深层次对外开放，依托我国大市场优势，促进国际合作，实现互利共赢”。其中，明确强调要“完善自由贸易试验区布局”“稳步推进海南自由贸易港建设”“发挥好中国国际进口博览会等重要展会平台作用”。这些对外开放新举措标志着我国从被动适应式的开放完全转向更加积极主动的开放。

中国开放的大门不会关闭，只会越开越大，以更加主动的对外开放行动彰显大国责任担当，让开放成果最大限度地惠及中国人民和世界各国人民。以承担高水平开放门户的自贸试验区建设做好大幅放宽市场准入、创造更有吸引力的投资环境的改革措施；以建设对外开放新高地的海南自由贸易港探索规则、规制、管理、标准等制度型开放，推进投资、贸易、跨境资金等自由化便利化；依托中国国际进口博览会，适度扩大进口，促进全球贸易的可持续、均衡和包容性发展。

3. 在共同开放中提高中国参与全球治理的能力

在当前构建形成以国内大循环为主体、国内国际双循环相互促进的新发展格局的战略调整下，在粤港澳大湾区和深圳先行示范区“双区”建设的重大历史机遇下，深圳依托地方立法权和中央赋予的各类编制资源自主权，高水平对外开放进一步获得确定性法律保障。中共中央办公厅、国务院办公厅印发的《深圳建设中国特色社会主义先行示范区综合改革试点实施方案（2020—2025 年）》及其附件首批授权事项清单中涉及的对外开放事项也必将逐渐落地，其中涉及金融业稳步坚定开放、公共服务体系开放、港口和航运业对外开放、商事服务领域开放、国际人才开放等重要事项，展示着深圳将继续扩大开放新路径，更为注重制度型开放，继续推动建设开放型经济，持之以恒在开放最前沿打造“深圳样本”。

4. 在文化开放中提升中国软实力和话语权

深圳历经 40 多年开放发展，已经成为多元文化交融创新之地，深圳所积淀的开放包容胸怀、改革创新精神、爱国敬业秉性凝练成深圳新时代的城市气质，成为展示我国改革开放成就的重要窗口，也是国际社会观察我国改革开放的重要窗口，这是它在中国崛起进程中面向世界的一次重新亮相！深圳将以中华文化之自信融汇世界文化之精华，成为提升人文湾区软实力的“领跑者”。

深圳作为人文湾区的核心城市之一，尤其是肩负建设中国特色社会主义先行示范区的重任，必将向世界展示并传播中国文化的感召力与引领力。进入社会主义现代化建设的关键时刻，深圳要率先塑造展现社会主义文化繁荣兴盛的现代城市文明，推动公共文化产品和服务创新发展，不断增强港澳同胞的认同感和凝聚力，大力发展创意文化产业和数字文化产业，通过提升城市文明软实力，扩大与“一带一路”沿线国家的文化交流，创造与不同社会制度、不同信仰、不同文化传统国家和谐相处的典范，促使“一带一路”遍开文化交流、民心相通的璀璨之花，进而也让深圳成为能够汇聚世界人才的人文城市。同时，以文化拓宽国际经贸“朋友圈”，联合打造面向“一带一路”沿线国家的新型国际经贸交流平台，并加强与沿线国家的经贸交流，强化与沿线国家在文化、教育、医疗、旅游等领域的合作力度，形成粤港澳大湾区“一带一路”建设协调发展新格局。

附　录　“十四五”深化要素市场化配置改革的重大任务

中国（海南）改革发展研究院经济研究中心

中央全面深化改革委员会第十四次会议强调，“必须发挥好改革的突破和先导作用，依靠改革应对变局，开拓新局”。无论是畅通国际国内双循环，还是释放国内巨大内需潜力，都对推进要素市场化改革、优化要素市场化配置提出了现实需求。

一、把深化要素市场化配置改革作为“十四五”应对变局开拓新局的关键一招

1. 应对大变局对“十四五”深化要素市场化配置改革提出迫切的现实需求。从国际看，当今世界正面临百年未有之大变局，既表现在生产力层面的新一轮科技革命和产业变革，又表现在生产关系层面的全球治理体系和国际经济政治格局的深刻调整。从国内看，“十四五”经济发展结构性、体制性、周期性等问题相互交织，短期与中长期问题相互叠加。依靠要素规模投入促进经济增长的难度明显加大。在此背景下，无论是应对外部环境变化、有效抵御外部风险挑战，还是适应国内发展的阶段性特征、充分发挥国内超大规模市场优势，都需要加快实现深化要素市场化配置改革的重要突破，明显提升要素配置效率，在畅通国内大循环中促进国内市场和国际市场更好联通，更好利用国际国内两个市场、两种资源，赢得大变局下国际合作竞争的主动。

2. “十四五”深化要素市场化配置改革重在推动经济体制的制度集成创新。在内外环境明显变化的背景下，深化要素市场化改革，需要在经济体制关键性、基础性重大改革上突破，需要更加突出改革的系统性“集成”，以此“突出改革实效，推动改革更好服务经济社会发展大局”。例如，要素市场化改革离不开产权制度改革、离不开价格制度改革。推进要素市场化改革的重要任务包括土地等在内的要素确权。为此，要把要素市场化改革和产权改革、价格改革等有机结合起来，统筹设计、同步推进，形成制度集成创新的新格局。

3. 坚持目标引领和问题导向相结合，分类推进要素市场化配置改革。一方面，深化要素市场化配置改革，核心是充分发挥市场在要素资源配置中的决定性作用，打破要素自由流动的体制机制壁垒，保障各类市场主体平等获取生产要素。另一方面，从实际出发深化要素市场化配置改革，需要突出重点、分类推进。例如，随着科技革命的推进，要素的范畴在不断拓展，除了传统要素外，数据等成为新的要素。在传统生产要素领域，改革的重点是消除资源配置扭曲，把劳动力、土地、金融等配置到生产率更高的领域，使实际经济增长达到潜在的生产可能性边界；在数据等新的生产要素领域，改革的重点是加快产业数字化、智能化改造，推动先进技术市场化转化与扩散，推动潜在生产可能性边界达到国际前沿水平，明显拓展发展的空间。

二、“十四五”着力推进土地要素市场化配置改革

4. 以土地要素市场化配置改革释放我国高质量发展的新动力。一方面，土地成为我国要素市场化配置改革的重点领域。数据显示，10 年来平均每年供地 880 万亩左右，2018 年国有建设用地的供给总量中，政府划拨的仍占 60%，通过招拍挂出让的不到 40%。另一方面，土地要素市场化配置改

革将释放巨大的增长潜力，并在提升农民财产性收入、促进城乡要素合理双向流动中发挥重要作用。“十四五”，要以新的思路开辟土地要素市场化配置改革新路径。

5. 发挥市场在土地资源配置中的决定性作用。一是逐步减少中央政府对土地指令性计划管理，取消行政集中的用地指标管理制度，并赋予省级政府更大的用地自主权。二是进一步深化产业用地市场化的配置改革，充分利用市场机制盘活存量用地和低效率用地，扩大国有土地有偿使用的范围，推进国企存量用地的盘活利用，完善盘活存量建设用地的税费制度。三是实现政府的土地管理与经营职能分开，推动地方政府摆脱土地财政依赖。四是改革土地要素价格形成机制，由市场供求决定土地价格。

6. “十四五”基本建立健全城乡统一的建设用地市场。一是全面推进农村土地征收制度改革，实行农村集体经营性土地和国有土地同等入市、同价同权，并建立公平合理的集体经营性建设用地入市增值收益分配制度与入市激励机制。二是尽快实现农村宅基地制度改革的实质性突破，建立农村宅基地自愿退出机制，盘活存量闲置宅基地，并按“适度放活宅基地和农民房屋的使用权”的要求，进一步探索宅基地“三权分置”改革。在近期内按立足存量、先房后地的原则，优先推进农村住房财产权的对外流转，通过自主经营、租赁经营、委托经营等多种方式盘活农村住房。在此基础上，逐步实现房地一体的农村宅基地使用权跨集体流转。三是进一步完善跨地区耕地占补平衡、增减挂钩的政策，建立全国性建设用地、补充耕地指标跨区域交易机制，允许各地区用地指标通过市场化方式自由交易。四是推进土地管理制度逐步由城乡二元向城乡统一过渡，实现各类土地在明晰产权前提下在一个平台上无障碍交易。考虑到土地制度的改革深刻性和重要性，建议制订“十四五”土地要素市场化单项改革的行动方案。

7. 以土地要素市场化改革推动城乡融合发展的体制机制创新。“十四五”时期，一是注重“规划引导”。优化区域城镇体系规划布局，发挥其对推进城乡融合相关改革的引导作用。二是强调“公平竞争”。完善公平竞争制度，切实改变城乡企业竞争地位不平等、“三农”权利被边缘化的格局。三是突出“改革实效”。关键是进一步发展农村非农经济产业，改变目前农村粮食供给的单一功能，由此明显提升农村经济活动的回报率。四是守住“底线思维”。禁止破坏农村资源环境等行为，强化“三农”政策的兜底和“保基本”作用。

三、“十四五”加快推动劳动力、资金、技术、管理等要素的市场化配置

8. 以促进劳动力城乡流动为重点推动劳动力市场化配置改革。“十四五”人口流向将决定区域发展格局的走势。适应这个大趋势，关键是促进城乡、区域间的人才社会性流动和高端人才市场培育，显著提升劳动力配置效率。一是继续深化户籍制度改革，放开放宽除个别超大城市外的城市落户限制。二是尽快实行以公民身份号码为唯一标识、全国统一的居住证制度，并建立城镇教育、就业、医疗卫生等基本公共服务与常住人口挂钩机制，推动农业转移人口市民化。三是加快构建人才的社会性流动和吸引全球高端人才的体制机制，进一步完善劳动力价格形成机制与保障机制，加快与国际人力资源市场的对接。

9. 以完善多层次资本市场为重点推进资本要素市场化配置改革。“十四五”时期，一是继续放开金融服务业市场准入，增加小微和民营企业的金融服务供给，疏通金融和实体经济的传导机制。二是加快深化资本市场改革，拓展多层次资本市场内涵。三是在科创板试点基础上进一步拓展注册制改革，为新经济提供更加便利快捷的上市渠道，也为承接中概股回归创造条

件。四是疏通货币市场和债券市场利率向信贷市场传导的渠道，通过加强公开市场操作打造利率走廊，实现利率市场化。

10. 以科技成果产权激励制度改革为重点推动技术要素市场化配置改革。适应“十四五”科技革命与产业变革大趋势，要加快构建科技人员职务科技成果产权激励制度。一是赋予科技人员职务科技成果所有权或长期使用权，进一步下放科技成果使用、处置和收益权，使科技项目研发与科技人员受益直接挂钩。二是进一步扩大创新主体自主权，支持科研单位和人员共有成果所有权，将“先转化、后奖励”改变为“先赋权、后转化”，完善科技成果转化激励政策。三是加快发展技术转移机构和技术经理人，支持高校、科研机构和科技企业设立技术转移部门，形成科技成果转化的机制化安排。

11. 以数据产权界定和数据交易市场培育为重点推进数据要素市场化配置改革。“十四五”要抓紧制定相关法律法规，明确数据产权界定，对数据的所有权、使用权、收益权、处置权等进行规范。在保障国家安全的基础上，加快形成数据要素市场定价机制、市场交易方式和市场监管上的规范性制度和规则，加快培育数据交易市场，并在数据确权、数据认证、数据定价、数据监管等方面与国际数据市场规则对接。

四、“十四五”以制度型开放深化服务业市场化改革

12. 把深化服务业市场化改革作为“十四五”深化市场化改革的突破点。当前，深化服务业市场化改革既是释放巨大内需潜力的关键点，也是释放服务贸易优势以赢得国际合作竞争新优势的关键；既是推进高水平开放的重大举措，也是深化市场化改革的重大任务；既是应对变局的主动之举，也是开拓新局的主动之举。要着力以制度型开放深化服务业市场化改革，形成“十四五”市场化改革的重大突破。

13. 当务之急是加快形成公开市场、公平竞争的市场环境。一是打破社会资本进入服务业的各类有形和无形壁垒，尽快打破不合理政策体制对社会资本的束缚，尽快实现体制内外服务业企业政策平等，全面实现服务领域的平等竞争。二是以产业政策转型促进服务业市场化改革。强化竞争政策的基础性地位，推动产业政策转型。尽快修订《反垄断法》，将竞争政策以及相应的公平竞争审查制度、反行政垄断制度纳入《反垄断法》；大幅减少产业补贴与扶持项目，用竞争政策有效协调产业政策及相关经济政策。三是充分发挥科技革命对深化服务业市场化改革的推动作用，以更大的市场开放鼓励和支持传统服务业的数字化转型与创新；充分利用新科技，推动服务领域监管变革。

14. 关键是加快推进规则、规制、管理、标准等与国际对接。一是以规则、规制、管理、标准等国际对接形成服务业市场化改革的倒逼压力。对标"非禁即入+过程监管"的高水平市场经济基本做法，进一步大幅放宽市场准入，最大限度取消准入后限制，建立既准入又准营的服务业企业管理规则。二是在医疗健康领域率先引入国际管理与标准，推动这些领域的制度型开放。例如，允许符合当地标准且高于我国现行标准的服务业企业、具备相关职业资格的人员，经备案后直接开展相关经营与业务活动。三是适应服务业市场化改革进程，推动监管模式、监管体制的系统性变革。

15. 以强化法治建设为重点更好地发挥政府作用。一是修订《中国人民银行法》，更加注重货币政策、宏观审慎政策和金融监管的协调。二是注重金融监管的法律建设，为解决影子银行、货币政策传导机制不畅等问题提供明确法律规范。三是尽快制定《债券法》，作为债券市场统一的基础性法律，着力完善债券市场监管体系。四是完善市场退出机制的法律，重点是加快修改《破产法》和制定《个人破产法》。

图书在版编目（CIP）数据

高水平开放的中国与世界 / 迟福林主编. —北京：中国工人出版社，2021.7
ISBN 978-7-5008-7694-6

Ⅰ. ①高…　Ⅱ. ①迟…　Ⅲ. ①对外开放—研究—中国　Ⅳ. ①F125

中国版本图书馆CIP数据核字（2021）第136843号

高水平开放的中国与世界

出 版 人	王娇萍
责任编辑	左　鹏
责任印制	黄　丽
出版发行	中国工人出版社
地　　址	北京市东城区鼓楼外大街45号　邮编：100120
网　　址	http://www.wp-china.com
电　　话	（010）62005043（总编室）（010）62005039（印制管理中心）
发行热线	（010）62005996　82029051
经　　销	各地书店
印　　刷	三河市国英印务有限公司
开　　本	710毫米×1000毫米　1/16
印　　张	17
字　　数	300千字
版　　次	2021年8月第1版　2021年8月第1次印刷
定　　价	68.00元

本书如有破损、缺页、装订错误，请与本社印制管理中心联系更换